TEMPOS DIFÍCEIS NO OLIMPO

JAN VAL ELLAM

1a Edição
NATAL - RN - 2022

CONECTAR EDITORA

TEMPOS DIFÍCEIS NO OLIMPO

Copyright © Jan Val Ellam, 2022.

Todos os Direitos Reservados. Proibida a reprodução, no todo ou em partes, através de quaisquer meios. Os direitos morais do autor foram contemplados.

Editor: Rodrigo de Paula Pessoa Freitas
Diagramação: Krysamon Cavalcante
Capa: Luciana Lebel
Revisão: Maria Helena Kummer
Conectar Editora, Distribuidora e Livraria Ltda.

Dados internacionais de Catalogação-na-Publicação (CIP)
(Câmara Brasileira do Livro, SP, Brasil)

```
Ellam, Jan Val
    Tempos difíceis no Olimpo / Jan Val Ellam. --
1. ed. -- Natal, RN : Conectar Editora, 2022.

    ISBN 978-65-86157-20-8

    1. Ciências ocultas 2. Filosofia 3. Druidas e
druidismo 4. Revelação celestial 5. Universo
I. Título.

22-100432                                   CDD-133
```

Índices para catálogo sistemático:

1. Futuro planetário : Ciências ocultas 133

Maria Alice Ferreira - Bibliotecária - CRB-8/7964

ISBN Papel: 978-65-86157-20-8
ISBN Digital: 978-65-86157-19-2

SUMÁRIO

INTRODUÇÃO

Este livro foi lentamente elaborado e somente se consubstanciou pela interferência do próprio protagonista – **Zeus** –, que produziu e influenciou processos, de muitas maneiras, buscando tornar o mesmo um material publicável.

Na verdade, nele temos um conjunto de apontamentos, alguns transcritos de palestras por mim realizadas e outros posteriormente elaborados pela insistência desse ser.

Na humanidade, atualmente, encontram-se Consciências que já estiveram entre os que viveram – e ainda vivem – em torno daquele que Hesíodo eternizou como sendo o "Deus-guerreiro porta-égide" que comanda o Olimpo e adjacências.

"Porta-égide" significa que Zeus é possuidor de um "escudo invisível" que ele usou na sua luta contra os titãs, dela saindo como vencedor, tornando-se o mais novo "Rei dos Deuses", para lamento dos chamados "Deuses Primordiais", os mais antigos de todos.

Se, naquele confronto, o famoso "escudo" o protegeu a ponto de transformá-lo no maior vencedor dentre os deuses, nos demais aspectos da sua vida, tantas foram as pancadas recebidas, que muitas dessas feridas, até agora, permanecem ainda por serem cicatrizadas. Neste livro, são abordados bem mais esses aspectos da peleja de Zeus com o seu destino, do que propriamente as clássicas passagens mitológicas que o envolvem.

Conhecer os traços gerais do temperamento desse ser é fundamental para a compreensão do que houve no contexto histórico que envolveu os humanos principalmente ao longo dos últimos 20 mil anos. Além disso, também assim o será pelo que ainda sucederá devido à ocorrência de um certo "choque de realidade" que "convidará" (convocará) os humanos a repensarem sobre o que fomos condicionados a classificar como "meras lendas e mitos". Por inconcebível que seja para muitos, o que se encontra descrito nas mitologias sempre foi um dos mais relevantes vetores do que julgamos constituir a realidade que nos envolve.

Num futuro breve, talvez venhamos a descobrir que, nós, os desavisados humanos, também portamos "égides" (escudos) que sequer imaginamos. Por necessidade, deveremos aprender a fazê-los emergir ao nosso redor e a usá-los, de maneira a poder levar adiante a aventura da vida humana no contexto de um caos no qual muitas estirpes nos espreitam e se utilizam da nossa "ingenuidade".

Os tempos são difíceis em todos os quadrantes da Criação, mas, notadamente no Olimpo, os obstáculos evolutivos permanecem e os desafios são enormes.

Atlan, 01 de janeiro de 2022

Jan Val Ellam

PARTE I

PROBLEMAS DA GESTÃO
DE ZEUS

Os humanos não voltarão a conviver somente com extraterrestres (seres deste universo), mas também com os entes extrafísicos, aqueles que habitam o universo vizinho e que, na atualidade, ainda se encontram sob a égide (custódia) da *timé*[1] de Zeus.

Ainda que quase tudo do que se passa para além das fronteiras do seu *geno*[2] (*loka* ou "morada") olimpiano esteja fora do seu controle, ele observa os eventos que consegue discernir, como se esses fossem da sua jurisdição.

Sob essa perspectiva, os empecilhos da sua gestão continuam a inquietá-lo, sendo que os mais novos, já acumulados no horizonte, ainda nem começaram.

O seu *telos*[3] (propósito ou finalidade de existir), doravante algo pitoresco, talvez seja o de se sentir governando um contexto que escapa à sua compreensão!

1

REALIDADE ESQUECIDA

O PRIMEIRO BLOCO de registros que os humanos produziram, conforme a sua própria lógica – ou seja, de acordo com a capacidade que temos de compreender a realidade ao nosso redor –, foi ricamente elaborado durante milênios, representando o mais antigo esforço inicial no sentido de se fazer bom uso da natureza psíquica humana. Entretanto, tais entendimentos foram transformados em inverdades, em mentiras, enfim, em "mitologia". Nós, portanto, homens e mulheres destes tempos modernos, olhamos para esse passado e achamos improcedente e falso – apesar de estar registrado – tudo aquilo que se conta a respeito de personagens inusitados que, aqui, na Terra, conviviam com outros seres não menos estranhos, numa época anterior ao próprio surgimento dos humanos como conhecidos na atualidade.

Quem é que afirmou e/ou provou que todo aquele contexto ancestral era mentira? A questão é que, por ocasião dos eventos descritos nas denominadas "mitologias", os portais interdimensionais estavam abertos e permitiam o trânsito entre os seres que habitavam – e habitam – o universo vizinho e este no qual vivemos, porém, nestes últimos dois milênios, pelo menos, nada mais do que, então, acontecia, voltou a ocorrer, e as religiões, ao surgirem, foram firmando seus próprios deuses e ordenando a seus fiéis que tomassem como inexistentes os episódios "mitológicos".

Ao longo dos últimos dois mil e quinhentos anos, aproximadamente, os portais foram se fechando, movidos pela "entropia[1] universal", tendo o "lacre do destino" (atingida a condição de bloqueio total) sobre eles, estabelecido-se no ano de 2012 do fuso temporal terrestre.

As religiões apareceram exatamente como sendo o segundo grande momento do lento processo de evolução do pensamento humano, posto que a primeira etapa foi essa de reunir as informações por meio, inicialmente, de tradições orais, e depois, com o advento do alfabeto, por escrito – e é importante que seja ressaltado que até esse primeiro marco temporal não existia religião e muito menos o conceito de um "deus perfeito, amoroso, ético e justo".

Há cerca de 5 mil anos – e a medida que retornarmos no tempo, mais fortemente essa característica se acentuará –, o mundo era composto por moldes (padrões) e painéis (circunstâncias) bem diferentes dos que conhecemos agora. Na atualidade, em termos de vida racional, os humanos compõem o todo existencial da Terra, mas, naquelas épocas, não era bem assim, pois representavam tão somente uma das muitas espécies pensantes que viviam por aqui – na verdade, a mais nova, a mais recentemente surgida num palco planetário que já era disputado por diversas forças estabelecidas no planeta.

O "aqui" significa mais especificamente a Terra, aonde

algumas civilizações extraterrestres (do universo no qual vivemos), há muito tempo, estavam instaladas. Também havia os extrafísicos, sendo que a componente principal desses "entes de fora" – cujas dimensões existenciais paralelas se encontravam "ancoradas" nesta nossa faixa de realidade – era constituída, em sua maioria, por seres cujos corpos se metamorfoseavam e que podiam transitar entre "mundos" (passar de suas *lokas* para alguns lugares, como a Terra, e retornar), por meio de portais (atualmente, fechados), que os ajudavam a "adequar a relação entre os átomos" materiais do nosso universo e os antimateriais que os compunham.

Naqueles tempos, esses seres extrafísicos disputavam o "apadrinhamento" das cidades terrenas nas quais coexistiam humanos, semi-humanos e seres híbridos. Desse modo, todos seus habitantes eram, ocasionalmente, visitados por esses demos que viviam em "moradas" (*geno* ou *eon*, em grego) situadas no contexto do universo antimaterial vizinho.

Para um deus, quanto mais cidades "conquistadas", preces de prestígios recebidas, como também sacrifícios endereçados a ele, maior seria a sua **timé**.

A pior desgraça de "domínio" a ser sentida pelos deuses não se trata de nenhuma das que até agora nominei, pois o que de mais tenebroso pode acontecer a um deus é ter a sua honra atingida devido à perda da sua **timé**.

Explicando melhor, ocorre que, na lógica dos seres que habitam os inúmeros *genos* que compõem o ***Eon* de Khaos**[2], – ou seja, o "Universo de Caos" –, a "presença" (importância, destaque) de um deus está relacionada e coincide com o âmbito (contexto) de seu "domínio". Essa questão apresenta implicações que a lógica humana, por moderna e mais ampla que possa ser quando comparada ao padrão que marca a do psiquismo desses seres, não tem como compreender, devido à ausência de certos elementos. De todo modo, nesse caso, a expressão "domínio" tem a ver com a própria "morada" ou *geno* que um "deus respeitável" deve possuir, sob pena (risco) do mesmo vir a ser considerado como um tipo de "sem-teto" – comparando com a perspectiva humana.

Além disso, a **timé de um deus engloba também a esfera (classe) de atribuições, os conjuntos de encargos e de funções exclusivas do seu "talento pessoal"** – em sânscrito, a expressão que caracteriza esse tipo de *timé* é a palavra *"varna"*. Desse modo, qualquer influência que pudesse ser dirigida ao "domínio" de um deus, é como se, para ele, isso implicasse uma ofensa à sua *timé*, aspecto que sempre sobrava para Zeus no que concerne a ter que definir uma solução para os incontáveis e intermináveis problemas em torno dessa questão, que sempre convergiam para as "Assembleias do Olimpo".

De acordo com o que descreve Jaa Torrano[3] na sua tradução magistralmente comentada da *"Teogonia – A Origem dos Deuses"*, de Hesíodo, pode-se perceber quão sério era esse assunto para o cotidiano do *"geno* olimpiano":

"(...) Toda transgressão ao domínio de um Deus implica para ele uma ofensa a sua timé, um apequenamento da sua grandeza, um enfraquecimento na expressão de seus poderes, em suma, uma diminuição do seu Ser. Tocar a timé de um Deus, apropriar-se de algum privilégio tomado a ele, é diminuir-lhe o ser. Por isso é que, – afirma a expressão piedosa que Heródoto[4] atribui a Sólon[5] – a Divindade é ciumenta e perturbadora. O panteão grego se configura nessa recíproca oposição de domínios, de timaí divinas, que não são senão presenças numinosas[6]:

é um jogo de Forças que neste mútuo confronto se determinam a si mesmas, estruturam-se e encontram sua própria expressão. Um confronto tenso, em que as fronteiras são atentamente vigiadas, estando cada Deus zeloso de conservar íntegro o seu âmbito (sua timé)."

A luta pelo direito de possuir um *geno* (ou *eon*), de ter a capacidade mental de bem construí-lo, a força de atropelar o que tivesse de ser superado para poder edificá-lo, de sofisticá-lo e de expandi-lo, enfim, de ter o *status* honroso de ser "possuidor de um *eon*", talvez seja o elemento mais presente em todos os conflitos, intrigas e disputas havidas ao longo de bilhões de anos – no caso de Zeus, ele surgiu há 300 mil anos e ocupa a posição de "Rei do Olimpo" nos últimos 37 mil anos, aproximadamente.

Assim, desde há cerca de 40 mil anos, a mais poderosa e prestigiosa *timé* existente era a de Zeus, que finalmente superara a do próprio Caos – o Criador "caído" na própria Criação, e que procurava comandá-la a partir do seu *geno*.

Em todo o **eon de Caos** (*Brahmaloka*, o universo antimaterial), a **timé de Zeus** era a mais valorosa e única, considerada superior às dos demais deuses, não porque ele tenha a isso pretendido, mas porque os seus próprios irmãos e irmãs de estirpe divina o solicitaram. Essa natural liderança jamais percebida com essas "cores" (características) na História Universal, até mesmo pelo modo como Zeus foi aclamado pelos seus pares, correspondia ao "toque de classe" na sua *timé*, pois nenhum outro ser possuía nada sequer parecido.

Nem **Caos**, nem Tártar ou mesmo **Eros** – denominações que correspondem, respectivamente, a Brahma, Shiva e Vishnu, no hinduísmo –, os três primeiros deuses que compuseram a "Trindade Primordial" da Criação, possuíam qualquer título honorífico daquele teor, o que era motivo de "inveja" entre aqueles Seres.

Por isso, o Criador "caído" atuou, fazendo com que as próprias religiões que surgiram nesses últimos dois mil anos, relegassem a figura de Zeus à categoria de lenda, única maneira de diminuí-lo, visando lograr sucesso na tentativa de estabelecer Javé (na cultura judaica) e, posteriormente, Alá (na árabe), como sendo o único deus a ser temido, respeitado e até amado pelos "inocentes" terráqueos.

Assim, **Caos** (entre os gregos), **Javé** ou ainda Jeová (para os hebreus/judeus), **Brahma** (para os arianos/hindus), **Amom** (no Egito) e **Alá** (no islamismo) são epítetos distintos que representam a face de um mesmo Ser.

Desse modo, essas religiões que, na atualidade, conhecemos com suas doutrinas impositivas e movimentadas pela fé, destruíram a credibilidade dos registros antigos, chamando-os de "mitológicos", e foi somente a partir das formulações entronizadas por suas teologias que o conceito de "deus" apareceu, porque, antes, essa palavra sequer existia. Ou seja, no tempo das "mitologias originais" não há uma só que mencione a expressão "deus", porém, nos seus escritos, todas elas se referiam a entes poderosos, classificados como demônios (demos), superdemônios, demônios bons, demônios não tão bons assim, demônios estranhos, demônios sábios, demônios "dementes", demônios horríveis, anjos bons, anjos estranhos e anjos até mesmo "caídos" ou do mal.

Quando a expressão "deus" surgiu, todos esses entes poderosos foram transformados em deuses, mas tidos como não reais. Portanto, se num primeiro momento os registros mitológicos formaram a primeira etapa da evolução do pensamento humano na busca de compreender a vida, as religiões aparecem numa segunda fase, acabando com a credibilidade da primeira e entronizando a fé, a crença, e não mais a preocupação pela busca intelectual de registrar os fatos.

Para o psiquismo humano, sobrou a possibilidade de entender os eventos já descritos nos painéis (contextos) das mitologias, a partir das suas lógicas religiosas que, naturalmente, levaram-no a relevar esses temas como sendo sem importância. Nesse ponto, a *timé* **de Zeus** foi duramente atingida. O detalhe é que tal situação não ocorreu somente com a *timé* dele, mas com a de todos os seres tidos como "deuses".

Tudo isso porque, na terceira etapa desse processo em que, primeiro, as notícias ancestrais foram tornadas inverídicas e, depois, as religiões dominaram o panorama psíquico da humanidade, surgiu uma nova circunstância histórica na qual a Terra não mais era visitada pelos seres extraterrestres citados nas páginas dos livros religiosos, e muito menos por aqueles entes estranhíssimos, descritos nas mitologias.

Por esse motivo é que nós, homens e mulheres tidos como "modernos", achamos que temos muito conhecimento, quando, pitorescamente, lá atrás, no passado que desprezamos como pouco importante ou lendário, existiu uma época muito mais complexa na Terra, do que esta que estamos vivenciando.

Do mesmo jeito como, agora, não compreendemos nada do que estamos vivendo, nossos antepassados também não entendiam. Entretanto, naqueles tempos, havia um "tempero" (diferencial) mais "rico" (intenso) nas possibilidades do cotidiano porque não existia apenas uma espécie pensante, mas várias, e nenhuma conseguia dominar a outra, à exceção dos humanos, que eram, então, considerados somente como "animais espertos de estimação" dessas estirpes mais poderosas.

Além do que, o lento passar destes últimos milênios fez com que todo esse contexto de "seres poderosos" fosse desaparecendo, e, assim, sobrou a nossa espécie, pois os humanos passaram a se tornar cada vez mais numerosos, espalhando-se pelo planeta.

Quando nos atentamos para as notícias e os vestígios desse tempo ancestral, o que encontramos? Muitos não observam mesmo nada; outros notam as estranhas cidades megalíticas e as tais lendas absolutamente esquisitas para os nossos padrões atuais. Contudo, ainda assim, eles estão à disposição para quem tiver liberdade mental, honestidade de princípios e de propósitos e, acima de tudo, capacidade intelectual que lhe permita compreender essas cidades megalíticas construídas no passado, e que ninguém consegue explicar como foram erguidas. Nem a própria engenharia da qual dispomos, pode produzi-las, pois até este momento, ainda não temos guindastes para erguer as pedras dessas construções que se encontram em Balbeque, no Líbano, e em outros lugares, como Puma Kumpu, aqui na América do Sul. No entanto, alguém as manipulou de modo a construir templos, porém, enquanto isso, vamos vivendo, dizendo para nós mesmos que, algum dia, alguém encontrará uma explicação razoável que nos esclareça essa questão, desde que não envolva a possibilidade da existência, no passado, de situações extravagantes e de seres não humanos.

Em 1990, quando comecei a apontar as notícias do que viria a ser o livro *"Reintegração Cósmica"*[7], não entendi, em toda amplitude, o significado desse contexto. A questão é que somente pude compreender os elementos que me foram possíveis naquela época, quando pensava que a reintegração estava relacionada com o fato da Terra, no passado, ter convivido com outras estirpes pensantes extraterrestres, mas que, agora, estava isolada num tipo de "quarentena cósmica" – e eu usei essa expressão nesse referido livro. O conceito da "reintegração da Terra ao circuito da vivência cósmica" seria exatamente o momento em que ocorreria um "primeiro contato oficial" com extraterrestres, ou seja, seres que viviam e vivem neste Universo e que tomam das suas naves e vêm nos "visitar". Lembro-me que, quando cunhei a expressão "reintegração cósmica", obviamente orientado pelos amigos espirituais, comecei a perceber que o esclarecimento que estava sistematizando não era somente para mim, e que eu teria que reproduzi-lo em livros.

Naqueles dias do ano de 1996, um dos amigos espirituais me disse: *"'Reintegração cósmica' não é só isso que você está pensando, pois também envolve seres de outras realidades"*. Eles falavam em galáxias deste universo e em "moradas" de um outro, e eu achava aquilo tudo muito exagerado. No entanto, aqui se aplica o que os Espíritos disseram por meio de Allan Kardec, quando da "codificação espiritual" por ele empreendida na segunda metade do século XIX: *"Nós, os Espíritos, somente podemos informar aos humanos aquilo que eles, em determinadas épocas, podem compreender"*. É fundamental que se entenda que os Espíritos precisam do arcabouço intelectual de um médium para que a notícia venha e seja reproduzida, e o que este último conseguir entender, será posto para o conhecimento humano até esse limite, enquanto que o que estiver além disso, não poderá ser repassado.

Na época não compreendi direito o que seria o "algo mais" – seres de outras "moradas" –, além dos extraterrestres deste Universo, com os quais os terráqueos retomariam o contato já havido em tempos idos, mas que foi interrompido por uma série de acontecimentos.

Recentemente, porém, tive o desprazer de descobrir esse outro panorama no contexto da "reintegração cósmica", que ocorrerá de modo similar ao momento oficial de contato que nós vamos, sim, ter com seres de outros mundos, que é a tal "vinda de Sophia" ou "a volta de Jesus, na sua forma cósmica" (o "Cristo Cósmico", na visão de alguns), em que todos os terráqueos verão isso acontecer. E não seria apenas um evento, mas vários, o que permitiria que, aos poucos, a humanidade pudesse se acostumar com essa "nova" – ainda que "velha" – situação de convivência com os extraterrestres. Entretanto, além dessa, nós também teríamos que voltar a lidar com os antigos "seres mitológicos", não biológicos, habitantes de um *eon* paralelo ao nosso, que passei a chamar de "universo demo".

Ao finalmente compreender esse outro aspecto da questão – e tal se deu entre os anos 2007 e 2014 –, passei a viver de susto em susto, porque fui obrigado a perceber que a interação dos humanos com os entes dessa realidade para-lela, é muito mais profunda do que a que já existe com os seres biológicos que habitualmente nos visitam, abduzem uma pessoa, levam para sua nave, tiram-lhe isso ou aquilo, devolvem-na, ou a levam. Por desagradável, deselegante, antiético que isso possa ser, o fato é que esse procedimento é bem menos complexo do que o que acontece conosco, ainda que não saibamos, em relação a muitos tipos de seres que habitam esse universo paralelo. Por quê? Porque um dia exis-tiram portais dimensionais que permitiam a esses seres virem para cá, e quando essas passagens se fecharam, eles tiveram que permanecer apenas do lado de lá, ainda que sempre mantenham o sonho de "herdar" a Terra.

Foi com esses seres mal resolvidos com o destino, ou seja, com essas "figuras mitológicas" que, para os humanos, são tidas ou "pintadas" (transformadas) como irreais, fantasia ou arte literária dos nossos antepassados, que me vi obrigado a conviver, e o presente livro é resultado desse inusitado processo.

2

DRAMA E ESPANTO

OBSERVANDO a premissa do que estava sucedendo comigo mesmo e com outras pessoas ao meu redor, pude perceber o que aconteceria com a humanidade, lá na frente.

Nessa altura dos fatos, foi quando Pandora apareceu no contexto que me era dado dele notar, e pude escutar, depois de um certo período de uma improvável convivência:

"Ou os humanos se esclarecem para os dias que virão, ou os dias que virão, irromperão sem que os humanos estejam preparados, e tudo vai acontecer independente de esclarecimento ou não. Precisamos trabalhar!"

Depois que produzi o primeiro livro com Pandora, que nós nos despedimos amigavelmente, apesar de que, na época, o seu Espírito insistia que teria ainda mais dois livros a escrever comigo, ela disse:

"Desculpe-me, mas, por enquanto, só tem você, então, será com você! Prepare-se, porque você será perseguido pelos nossos amigos também desse lado do universo antimaterial, pois, por enquanto, você é o único foco!"

Logo após, no ano 2015, encontrava-me hospedado por

alguns dias na cidade de Brumado, na Bahia, quando os fatos descritos no livro *"Inquisição Trimurtiana"*[1] aconteceram, quando meu corpo adormecido teve seríssimos problemas. E lá estava, mais uma vez, um Ser (Caos) sentado num trono, ordenando que eu falasse com ele, enquanto eu dizia, conscientemente, para mim mesmo que preferia mil vezes morrer, a ter que conviver com aquele tipo de companhia!

Alguns meses se passaram com a dose de insistência normal àquele Ente (Caos) em que eu o obedecesse, até que um outro personagem mais amigável, mas não menos estranho, dizendo-se ser Zeus, começou a tentar penetrar na minha mente, como se estivesse colocando suas palavras em algum lugar específico do meu cérebro. Ele não demonstrava a arrogância desagradável que me feria o corpo, como foi o caso de Javé/Caos e de outros, mas somente me comunicava, naqueles primeiros momentos, uma mesma frase muito pitoresca: *"Não morra, não morra"* – na verdade, o que ele desejava me transmitir era: *"Não se deixe morrer"*. Isso se deu porque eu não tinha energia nenhuma e apresentava "ânimo zero" para seguir adiante, frente a tantas e tamanhas dificuldades terrenas, espirituais, extraterrestres e extrafísicas. Tinha e ainda tenho obstáculos me envolvendo – sendo alguns intransponíveis –, num "leque" (variedade) de opções para todos os gostos!

Por volta do ano 2018, pude compreender melhor os dramas dessa figura (Zeus) tida por muitos também como um deus, o que, obviamente, ele não é. Esse ser é tão vítima quanto qualquer um de nós! Ele também, em algum momento, teve que se ver existindo sem saber o porquê, e precisou enfrentar situações horríveis, vivenciando decisões monstruosas.

Sob a perspectiva de quem vive no âmbito desta Obra de

Caos/Javé, há momentos em que não existe nenhuma opção boa a ser seguida e, segundo esse ser (Zeus), ele jamais tomou uma decisão que o agradasse, pois que todas elas foram inquietantes, de acordo com a sua própria lógica.

O mais intrigante ainda é que esses seres extrafísicos não têm a "razão filosófica" que nós humanos possuímos, pois não sabem valorar, hierarquizar as poucas emoções que sentem. Eles exibem uma inteligência motora absurdamente grande, que funciona exclusivamente como determinado pelos seus "Códigos-fonte Definidores de Vida" (CFDs ou código genético demo), mas fora desse viés (contexto), apresentam traços perturbadores de "demência", e não há um só ser demo que não ostente essa característica.

Portanto, todo ser demo tem um quê de "demência", e Zeus carrega a sua própria cota que, no seu caso, leva-o a não exibir um senso crítico digno de nota, demostrando uma incapacidade muito grande – como já referido – de dar valor às emoções e de se colocar no lugar do outro. Ainda assim, por força da sua função, ele sempre precisou, em benefício próprio e dos que dele dependem, repassar para os que o cercavam, todo um conjunto de decisões que havia tomado, frente a um panorama composto por situações que não sabia o que fazer diante delas.

Mesmo sem querer qualquer contato com os humanos terrestres no princípio, depois da metamorfose mais "fora da curva" (inesperada, fora do padrão) que teve lugar no seu "reino" (grupo de "moradas") – a de Pandora – e que levou um demo a se transformar numa fêmea *Homo sapiens*, Zeus percebeu ser inevitável o convívio futuro com a humanidade. Desde então, duas opções estavam postas à sua frente, pois ou se preparavam para esse tipo de convivência ou o contato viria de qualquer modo e ele não saberia como agir. Esse tem sido o seu drama nos últimos tempos!

Conforme ele mesmo expressou, se na minha condição menor de homem, dispusesse-me a ajudá-lo, algo seria feito, mas, caso contrário, não haveria alternativa à vista (ao alcance) antes da derrocada do seu *geno* ou *eon*, conhecido como Olimpo – seria o **fim da sua** *timé*, como também dos demais entes da sua estirpe e da dos titãs.

Segundo ele, **Caos** (Brahma/Javé) e **Eros** (Vishnu/Chochmah) perderam as suas respectivas *timé*, enquanto Tártar (Shiva/Binah), que ainda conserva a sua, já anunciou que ele mesmo se encarregaria de se desfazer dela, para tentar dar exemplo à sua inúmera e decadente descendência.

Como, de minha parte, não queria nem quero qualquer classe de contato com esses seres, num primeiro momento lhe desejei "boa sorte", e assim também agi nos segundo, terceiro, quarto e quinto "momentos" em que ele me procurou, abordando o mesmo tema. Sinceramente, não me recordo exatamente quando foi que parei de lhe desejar "boa sorte", mas houve um instante específico, em que me encontrava em Alto Paraíso, em Goiás, e os olimpianos operaram, a partir da sua "morada" – o Olimpo –, um miniportal pelo qual alguns deles e o meu "Eu terreno" se viram mutuamente, como se estivéssemos nos observando através de uma tela muito tênue entre a realidade antimaterial deles e o meu lado material.

Visivelmente, eles se mostraram surpresos com o que tinham conseguido fazer, e o susto de minha parte foi ainda maior. Daquele contato singular, resultou a demonstração do drama deles, como se estivessem vivendo um tipo de "peste deformadora" que somente poderia ser enfrentada com a produção psíquica de novos algoritmos mentais e que eu poderia ajudá-los naquele mister.

Sempre soube da frieza apresentada nas páginas mitológicas que esses seres demonstravam ter uns pelos outros e, principalmente, para com a humanidade. Procurei agir da mesma maneira, o que me foi possível durante um certo tempo. Contudo, recordo-me de que o meu próprio Espírito – provavelmente pressionado – resolveu relevar a minha cota de livre-arbítrio terrestre e, assim, um certo dia, acordei "cheio de amor solidário" para com esses seres, o que me levou a diagnosticar a mim mesmo como alguém "enfeitiçado", agindo sob "influência alienígena".

Providenciei algumas minipalestras para aqueles seres a partir de certas experiências do meu sistema de *Yoga* diário, que denominei de *"Mentalma"*, e me percebi, desse modo, sendo levado a conviver com essas situações. Até agora, tento me deixar levar nesse sentido, e este próprio livro é exemplo dessa atitude mental de me pôr em serviço, mesmo sabendo que, aqui, a "complicação" é o "salário" – refiro-me aos frequentes ataques que sofro, vindos de Espíritos e de demos "problemáticos".

Sabe aquele jogador de futebol que, querendo explicar uma determinada jogada, terminou dizendo algo contraditório? Nos meus tempos de juventude, costumava escutar a "resenha do meio-dia" pela rádio em que as notícias esportivas vinculadas ao futebol eram veiculadas. Certa vez, foi reproduzida uma entrevista feita após o jogo da noite anterior, quando o repórter perguntou a um jogador: "E aí, como é que foi o jogo?" E ele respondeu: *"É, o time da gente tava na beira do precipício, mas demos um passo importante e fomos em frente...".*

Comigo aconteceu algo similar, pois a minha vida foi

invadida por um nível de complexidade tão fora do comum em termos de elementos ocultos, que isso me levou a estragar, dolorosamente, os aspectos profissional e familiar. Tudo isso resultou numa sensação de me encontrar numa borda, num limite, sendo que, então, dei um passo a frente e me atirei num precipício, porque, sinceramente, já não sabia muito bem como proceder antes e, agora, sequer percebo aonde é o fundo desse "poço" que representa a convivência com esse tipo de seres. E aqui, estou eu, administrando o espanto "a cada metro que me vejo descendo" (a cada vez mais que penetro nesse contexto referente aos entes extrafísicos), após o "passo adiante" (envolvimento) que o Espírito que me anima estimulou o seu "cansado ego terreno" a dar.

Finalizando esse capítulo, e como estou sendo acentuadamente crítico em relação a Zeus, existe um detalhe para o qual eu gostaria de chamar a atenção: todos esses seres são aparentemente arrogantes e disputam tudo entre eles mesmos, e o mais forte sempre leva e se impõe como "chefe" ou o "rei dos deuses" do momento. Diferente disso, é importante notar que **Zeus, porém, foi o único na história desse universo paralelo que não tomou o poder para si.** Efetivamente, ele participou de diversas guerras junto com outros e as venceu. E foram esses "outros" que lhe pediram para que assumisse o posto de suserano entre eles, ou seja, ele se tornou o "Rei dos Deuses", ou o "Deus dos Deuses", a pedido dos seus pares, o que mostra um aspecto interessantíssimo no perfil desse ser, que a mitologia pouco ressalta.

3

O ACLAMADO DEUS DOS DEUSES E SEUS DESAFIOS

Zeus, portanto, foi o primeiro demo a ser eleito, escolhido e convidado pelos seus pares a chefiar, porque as demais situações de comando, mesmo aquelas acontecidas entre os três "Senhores da Trindade Cósmica" – ou seja, a *Trimurti* hindu (formada por Brahma/Caos, Shiva/ Tártar e Vishnu/Eros) –, sempre foi assumida pelo mais forte, em detrimento do mais fraco.

E foi exatamente esse ser que não buscou o poder loucamente, feito os demais, que se esforçou bastante para me demonstrar toda a "vida dele" e o quanto precisa do nosso critério humano para avaliar o que fez, assim como o contexto no qual se encontra e o que, provavelmente, ele precisará fazer no futuro.

Segundo ele, o que o faz querer repassar para a humanidade as informações que foram preciosamente colecionadas, deve-se à inexorabilidade dos portais terem se fechado, e não caber mais a ele o exercício do comando sobre os humanos. Refere-se também ao aspecto de, finalmente, conseguir perceber que estes últimos possuíam uma sagacidade muito superior à dele e às dos demais seres da sua geração.

Além do que, dos chamados deuses extrafísicos (do *eon* vizinho) e extraterrestres (do nosso *eon*) que estavam disputando o controle sobre a Terra, Tártar (Shiva) foi o primeiro a se apresentar aos terráqueos ao tempo da tradição *Kumarti Kandan*, na Índia, processo que teve início há cerca de 25 mil anos. Depois, Caos (Brahma/Javé), por volta de 23 mil anos atrás, escolheu povos, dentre os humanos, e por meio de seus "escolhidos", estabeleceu a sua "aliança" com a humanidade terrestre. Bem mais tarde, os extraterrestres Anu e seus filhos Enlil e Enki fixaram suas dominações no planeta, o que levou alguns deuses menores a também desejarem entrar nessa disputa pelo controle do planeta. Foi quando, há cerca de 3,8 mil anos, Zeus, por meio de suas Musas, fez acontecer a sua epifania[1], utilizando-se de um humano, Hesíodo, para produzi-la por meio da formulação de versos.

Zeus tem afirmado que essas notícias do passado, **transformadas em "inverdades"** na atualidade – posto que consideradas "mitológicas" –, não foram manipuladas pelo intelecto humano como ele gostaria, e é por isso que, novamente, ele pretende resgatar o que possível for daquele compêndio, porém acrescentando outras revelações, produzindo novos enfoques, trazendo-as e atualizando-as para o nosso momento histórico, porque ele precisa que os humanos reflitam sobre elas. Se teremos pensamentos agradáveis ou desagradáveis, pouco lhe importa, desde que possamos criticar o processo, habilidade que ele não possui – os demos não têm senso crítico, ainda que três deles, pelo menos, dentre as suas inúmeras espécies, tenham desenvolvido um psiquismo agudo nesse sentido.

A partir desse ponto, tanto eu como você, caro(a)

leitor(a), precisaremos ter toda prudência em assumir como verdade sem retoques, o que aqui será abordado, porque caberá, sim, à humanidade futura, tanto a aferição como mesmo a inevitável atualização sobre um tema que sempre foi tido como mitológico, mas cuja "face" (manifestação) ocultada nos últimos tempos pelo fechamento dos portais, deverá voltar a se mostrar aos humanos – e estes precisam estar preparados para os "sucessivos sustos e espantos" que o processo de "reintegração cósmica" promoverá.

O que era "real" foi transformado em "inverdade", e para os "humanos desavisados" da atualidade, todo aquele contexto, agora, é tido como a mais pura fantasia, mas, para os nossos filhos, netos e bisnetos, deverá ser puro espanto.

Vamos, pois, à abordagem dos temas em torno dos quais a opinião humana livre e esclarecida dificilmente poderá fazer bom juízo de Zeus, porém, ainda assim, para o próprio bem dele e do seu futuro, é imperioso que seja feita.

Visando melhor sistematizar o entendimento em torno da questão, faz-se necessário que se compreenda quais foram os principais problemas da gestão de Zeus.

Os dois primeiros desafios dele como gestor[2] foram e são os efeitos do **caos crescente e a ausência de gerentes**[3] no universo paralelo, no qual se encontra situado o seu *geno*, a sua "morada", conhecida como "Olimpo".

Para que esse aspecto possa ser bem entendido, ressalto, novamente, que a Criação de um Ser (Prabrajna/Prajapati) – cujo "Eu" "despedaçou-se" ao se ver "tragado" pela mesma num primeiro momento, e "se reconstruiu" como Caos/Javé – resultou no surgimento de dois *eons*: este no qual vivemos, e um paralelo, dividido em *genos* de diversos tipos.

O *eon* **biológico** foi planejado de alguma maneira, e Prabrajna não tinha a intenção original de criar mais esse segundo universo. O problema aconteceu assim que a "Ideia-projeto" emanou dele, quando ele se viu "atraído" pela própria Obra, como um cientista imprudente que, ao gerar um novo "campo quântico de modelar realidade", vê-se "caindo" no mesmo, um tipo de "buraco branco".

Quando o seu, agora, "Eu deformado" estava vivenciando essa "queda", ele improvisou o outro *eon* para nele "cair" e poder, então, situar-se.

Em outras palavras, o universo no qual vivemos foi planejado, mas não pôde ser "finalizado" porque o "vórtice" gerado pela Obra "inconsequente", "tragou" o "Cientista" (a Divindade Cocriadora Prabrajna), e quando ele "caiu", não o fez no *eon* planejado, pois improvisou outro para nele estar.

Os **quarks**, em se unindo, configuram-se em **prótons** e em **nêutrons**, que quando se juntam, formam os **núcleos atômicos** que atraem os **elétrons**, resultando nos **átomos** que compõem os **elementos químicos**, os quais, ao se combinarem, produzem as **moléculas** que constituem a **matéria**. Todo esse processo organizacional e a vibração da energia se transformando em matéria, fez surgir o universo no qual vivemos, e foram pensados antes dele existir.

O *Big Bang*, que representa o universo em expansão, assim acontece porque isso foi decidido antes, e vai funcionar até o fim deste universo, enquanto houver hidrogênio para queimar no contexto estelar, ou seja, no interior das estrelas – este universo vai existir em constante expansão, até se desintegrar.

Qual o problema do *eon* antimaterial vizinho? Ele não foi planejado, porém improvisado instantes antes do seu Criador nele "cair". Após conseguir "se reconstruir" como um tipo de Ser que, bem mais tarde, na História Universal, foi chamado por Hesíodo como sendo "Caos", a sua Mente assim "recomposta", começou a reorganizar as condições por lá.

De si mesmo, Caos foi gerando outros seres (anjos-clones) que, em dado momento, apareciam na sua Criação, mais especificamente, no universo antimaterial, mesmo ele não sabendo muito bem como e porque eles estavam emergindo para a vida sem que fosse a sua vontade que estivesse no controle desse processo – o Criador "caído" somente dominava alguns dos eventos que por lá ocorriam.

Após o ataque do Criador ao "anjo-clone rebelde", surgiu o demo Shiva, a partir do qual, novos seres demos-poderosos despontaram e foram criando seus próprios *genos* – isso meio que diminuiu ou mesmo dividiu o "reinado" do Criador "caído". Como todos esses entes eram indestrutíveis – pelo menos, até aquele tempo –, os três mais fortes e imperiosos compuseram uma Tríade (*Trimurti*, na mitologia hindu) que passou a gerir a geopolítica daquele universo.

Com o passar do tempo, novas gerações de seres poderosos foram surgindo, sendo que todos portam o que poderíamos chamar de "síndromes genéticas ou anomalias cromossômicas", identificadas na atualidade. Alerto que, nessas caracterizações, há uma aproximação que sou obrigado a fazer, porque os corpos desses seres são de plasma, e os códigos que os organizam, nada têm da componente biológica que podemos observar no nosso universo.

Uma vez que todos esse seres, inevitavelmente, são "doentes" – devido à origem dos "códigos-fonte definidores de vida" (CFDs) dos mesmos, vindos do "Código-fonte Definidor de Vida Pessoal" (CFDP) que Caos conseguiu "reconstruir" para "hospedar" o seu "Eu caído" num novo tipo de corpo –, os seus psiquismos apresentavam, e ainda ostentam, padrões de "demência" que só muito recentemente começaram a melhorar, não no sentido de superar esses problemas, porém no de, pelo menos, diminuir os seus efeitos.

Foi dessa maneira que o CFDP de Caos se estabeleceu como o "código-primordial" do qual emergiram os demais CFDs dos corpos de plasmas dos novos seres. As duas últimas gerações surgidas por meio desses CFDs foram a dos titãs e a dos olimpianos, sendo Zeus, portanto, portador do CFD mais moderno em termos de "líder de uma geração de seres demos".

Então, muitos foram os seres demos-poderosos que tomaram "partes" ou "espaços" do "reino de Caos" para gerar as suas próprias "moradas" representativas do grau de poder deles. Entretanto, nenhum deles investiu, de fato, em "estrutura", pois quem efetivamente o fez foi a Mente do Criador ao improvisar aquele segundo *eon* durante a sua "queda mental".

Este universo material, por estranho e magnificente que ele possa parecer, está organizado dentro de padrões, a partir de um certo limite, que garantem que o mesmo funcione até a sua desconstituição final. O outro *eon*, porém, por ter sido improvisado e sofrido ajustes também arranjados e sempre produzidos entre "disputas mentais", terminou se fragilizando com os desdobramentos de guerras e explosões de armas que sequer imaginamos, que foram deteriorando os seus "alicerces".

Decorridos 13,8 bilhões de anos desde o "momento zero" desta História Universal, esse universo antimaterial já está se desconstituindo devido a essas e outras causas, pois a entropia de lá começou a atuar de maneira absolutamente dolorosa sobre todos os seres e todas as suas realidades ("moradas") desagregadas.

Zeus e os demais demos, não só os da sua geração, mas

mesmo a dos chamados "Deuses Primordiais", tomaram consciência dessa questão somente no ano 2019 da contagem do nosso tempo. Antes, o grau de "demência" desses seres impediu a percepção do problema entrópico.

A gênese dos portais se parece com a que a Cosmologia imagina ser a das estrelas, na medida em que defendem a tese de que, há um pouco mais de 4,5 bilhões de anos, quando a poeira e o gás de uma nuvem molecular gigante colapsaram gravitacionalmente, formaram uma protoestrela que, mais tarde, tornar-se-ia o nosso Sol.

No universo vizinho, não existe poeira e gás no sentido físico-químico daqui, mas o que por lá colapsa por força do atrito e do acúmulo, são os pontos de contato entre os limites de dois ou mais "campos mentais" – ou, ainda, promovido por tecnologia local –, oriundos de disputa em torno dos tamanhos dos *genos* de cada demo-poderoso.

Todas essas "moradas" tinham que estar contidas no âmbito de uma dimensão universal que não podia crescer ou se expandir no sentido em que acontece com o nosso universo, pois a expansão de lá foi forçada exatamente por esse tipo de guerra entre os demos superpoderosos. Desse modo, o acumulado dessa tensão, não podendo criar um escape como o de uma panela de pressão, por exemplo, fez implodir ou colapsar os **"protoportais inter*genos*"** em seu âmbito interno, e, mais tarde, a força de torção do escape dessa tensão colapsou-se na direção do nosso universo, gerando os **"protoportais interuniversais"**.

Durante os mais de 4 bilhões de anos de tempo útil de trânsito nos primeiros portais dimensionais que se viabilizaram, sempre se verificou que vir de lá para cá, de um ambiente antimaterial para um material, era uma situação relativamente favorável, contudo, o trânsito inverso sempre foi bem mais difícil. O porquê disso, é algo que a Ciência humana deverá apreciar com propriedade num futuro distante.

Dessa maneira, cada portal teve o seu momento para começar a se expressar por bilhões de anos, ou mesmo por cerca de centenas ou dezenas de milhões de anos, quando eram evidentes apenas os seus "vórtices", antes de tecnicamente se transformarem em possíveis passagens entre as dimensões ou situações dimensionais distintas.

Os primeiros a surgirem efetivamente, abriram os seus acessos entre o universo vizinho e o nosso em pontos absolutamente incompreensíveis para a lógica das "moradas" lá existentes, o que lhes deu muito trabalho no sentido de sintonizarem os mesmos em parâmetros parecidos com os que, artificialmente, já vinham funcionando no âmbito do "Projeto *Talm*"[4].

Como a cronologia da gênese desse tipo de portal foi tendo lugar lenta e progressivamente, o doloroso, para os seres que estabeleceram as suas vidas ancorados nesse processo, foi perceber que todos eles se fecharam abruptamente ao longo dos últimos 3 mil anos, até que uma face da entropia do nosso universo os selasse definitivamente no ano de 2012.

O "fim de mundo" do qual muito se especulou na cultura humana, não era efetivamente para os terráqueos, mas sim, para esses seres arrogantes, acostumados que estavam em tratar o lado de cá como sendo um "domínio" deles. Do mesmo modo que um país colonizador se enriquecia às custas das apropriações indevidas que costumava impor aos mais fracos, ou seja, às suas colônias, e, repentinamente se percebe impedido de continuar os saques, e a sua derrocada passa a ser iminente, pois desaprendeu a suprir as suas próprias necessidades, o "fim do antigo mundo" de desmandos e de escravização dos humanos por parte desses seres extrafísicos, foi nesse sentido.

A questão é que não eram somente os terráqueos a serem espoliados, pois espécies de outros mundos também sofriam direta ou indiretamente desse problema, além do extrativismo mineral, vegetal, plasmático e o que fosse, das suas naturezas planetárias, de modo similar ao praticado na Terra.

Esses seres só tiveram consciência de que o fechamento dos portais era inexoravelmente real no ano 2015, quando a "Trindade Cósmica" (a *Trimurti*), que se dizia suserana destes dois universos, implodiu quase que ao mesmo tempo em que esse acontecimento se concretizou. Somente na época desses eventos, foi que cada soberano de *geno* pôde perceber o tamanho do problema, conforme os seus distintos graus de tirocínio.

Atualmente, o principal desafio de Zeus e de outros que dominam certos *genos*, é exatamente o de tomar consciência que o **caos** que eles pensavam estar controlado, muito diferente disso, **está crescendo**.

Estranhamente, o caos está diminuindo no nosso universo em certo sentido, porque as "ilhas de entropia negativa" surgiram para contrabalancear a entropia positiva, dando um tempo para que mais e mais "informações sofisticadas" surjam como "produto da vida", ainda que isso não inviabilize a "garantia" de que esta Criação "problemática" terá um fim.

No âmbito do nosso universo, as civilizações poderão migrar de um local para outro, desde que construam artefatos tecnológicos para tanto. Entretanto, as classes de seres do universo vizinho não têm nem terão outra opção a não ser sair do universo deles para o nosso, porque tudo por lá está se extinguindo, ainda que demore algumas centenas de milhões de anos, da maneira como se conta o tempo na Terra.

Esse "contexto migratório" neste e para este universo, é uma outra "face" (aspecto) do processo da "reintegração cósmica" no nosso planeta, devido ao intercâmbio extraterrestre (seres do nosso *eon*) e ao extrafísico (seres do *eon* vizinho que, no passado, costumavam se estabelecer por aqui). O "espanto" será o "salário" (recompensa) dos terráqueos!

Alguns desses *genos* estão buscando produzir esses "caminhos", porque quando seus corpos de **"plasma adensado ou prensado"** morrerem, os seus Espíritos, inevitavelmente, começarão a se "imantar" em padrões de vida biológica (encarnação) ou artificial à base de sílica, neste universo. Na atualidade, os corpos demos desses seres têm durado milhares, milhões ou bilhões de anos, dependendo da classe e de qual geração eles pertençam, e por isso se julgaram imortais por tanto tempo, até verem, muito recentemente, o aparecimento de problemas de saúde neles, de todos os tipos.

Há também civilizações demos que estão tentando fazer com que seus integrantes consigam produzir essa migração enquanto estão vivos, ou seja, com os seus atuais corpos, e muitos deles ainda têm como objetivo continuar a impor o "domínio" que um dia tiveram sobre algumas regiões deste universo. Zeus representa tão somente mais um desses seres, seguramente o mais atualizado nessa questão, que está tentando construir essa "ponte" para o trânsito dos olimpianos (a geração de Zeus e mais alguns titãs), ainda que já tenha consciência de que são eles que precisam de ajuda, como também sabe que não detêm mais poder para controlar nada por aqui.

Devo ainda registrar que demos de alguns *genos*, mais esclarecidos e desenvolvidos que os olimpianos, já encadearam esforços nesse sentido, e o "toc-toc" (a "batida na porta" do nosso universo), por parte do lado de lá, já se iniciou! Os *genos* **afeitos a Zeus** – exceto o Olimpo –, ainda não começaram.

No universo antimaterial, conforme já explicado, está instituído **o caos crescente, e não existem gestores nem gerentes habilitados que saibam enfrentar esse problema de desorganização dos "componentes" de seus corpos demos e de suas "moradas". Além disso, pouquíssimos são** os *genos* capazes de criar uma alternativa de fuga para o nosso universo, sendo que ainda terão que enfrentar as hostes bélicas de Sophia, o "Cristo Cósmico".

Se estiver correto o que aqui está sendo exposto, esse é o contexto que caracteriza o "grande drama" de Zeus e de outros soberanos de *genos*, de **conglomerados de** *genos*, de **confederações de** *genos*, comuns ao *eon* vizinho – há de tudo por lá, em termos de organização política.

4

DEMAIS SERES PODEROSOS

Hesíodo, o autor da *"Teogonia"*, obra na qual as Musas procedem com a epifania algo tardia de Zeus – **apresentação da *timé* de Zeus** aos humanos –, "pagou um preço alto" (sofreu as consequências) ao escolher o epíteto de "Caos" para assim se referir ao Ente que bradava ser o Criador. Nesse "nome" dado por Hesíodo, já estava caracterizada a lendária incapacidade do Criador "caído" de administrar as diversas classes de seres surgidas desde o início dos tempos, como também a sua inaptidão em gerir a própria Criação.

Até agora, no âmbito do universo demo, além do próprio Caos, quatro outros seres foram, depois, tidos como "líderes" pelos seus pares, a saber: Tártar, Eros, Odin e, mais recentemente, Zeus. No nosso universo, somente dois entre os *avatares* foram assim referenciados: Rama e Krishna!

De todos esses seres, no contexto do *eon* de lá, Zeus foi o único a ser solicitado pelos seus pares a assumir a supremacia sobre os demais *genos* congregados, e o curioso é que esse processo continua, pois, em tempos mais atuais, outras "moradas" estão pedindo para que ele as incorpore na sua suserania, porque ninguém sabe mesmo o que fazer.

Foi nessa condição que, na impossibilidade momentânea do uso de portais, ele abriu um "canal mental" conosco, ainda que ancorado, geograficamente, a um local algo próximo a Alto Paraíso, no estado de Goiás – cito essa cidade apenas como uma referência, pois o lugar específico desse novo "vórtice vibratório" fica situado a uma certa distância de lá.

Para os demos, um outro aspecto nada agradável dessa história é o de que os humanos atuais jamais os viram ou mesmo os tais *genos*, enquanto de lá, eles sempre acharam normal perceber o que se passava por aqui. Contudo, devido aos desdobramentos da entropia e da expansão acelerada da nossa dimensão universal, eles começaram a perceber que, mais um pouco, e eles também não mais poderão nos ver, a menos que desenvolvam alguma tecnologia que a tal os possibilite.

O painel (situação) mais preocupante de todos, porém, é que existem quatro confederações de *genos* e mais uma civilização que vive numa "morada" diferenciada em relação ao padrão das demais, que ainda querem reconquistar a sonhada supremacia não mais sobre o universo de lá, mas agora, sobre o de cá, pois assim aponta o destino da Criação que, se antes era composta por dois extratos existenciais, doravante, somente um deles terá algum futuro.

Quanto a Zeus, ele terá que administrar um conjunto de eventos bem parecidos com os que **Odin**, há cerca de 300 milhões de anos, viu-se obrigado a gerir a partir do seu *geno* conhecido como *"Asgard"*, decorrentes da disputa entre diversas classes de seres em torno de novas "moradas".

Muitos estudiosos da mitologia, equivocadamente,

sempre tomaram Zeus e Odin como sendo um mesmo ser. Existem, contudo, no âmbito do que sou obrigado a tomar como realidade plausível – para as minhas vivências –, várias diferenças marcantes entre eles.

Uma delas é o fato de que Odin foi um ser demobio (gerado no universo demo vizinho, mas já com alguns padrões importados da vida biológica do nosso universo), muito mais antigo, que foi engendrado há aproximadamente 5 bilhões de anos, enquanto Zeus tem apenas algumas centenas de milhares de anos e é um ser demo do padrão demobiol (ou seja, com sexualidade à moda dos seres animalizados).

Outro aspecto marcante é o de que Odin teve seu corpo demo destruído há cerca de 300 milhões de anos, o que implica dizer que seu Espírito se liberou da sua longuíssima condição de demo, tendo permanecido inativo, por certo tempo, numa região tensa e intermediária da Espiritualidade. Desde então, o seu Espírito tentou se "imantar" a algumas condições existenciais em curso, tanto num como noutro universo, conseguindo razoável "dose" (quantidade) de resultados favoráveis.

Na atualidade, o mesmo se encontra desencarnado e atuando a partir dos ambientes já humanizados da Espiritualidade.

Foi o seu Espírito que me solicitou o concurso para poder ser estabelecida uma triangulação com Zeus, pois que este não percebe o contexto espiritual que envolve os dois *eons* desta Criação.

Existe ainda um outro ente poderoso – por aqui, ninguém o conhece, pois ele jamais foi retratado nas notícias mitológicas –, situado entre as gerações dos titãs e dos olimpianos, cujo nome é Cegon Shalam, que é o soberano de uma das confederações de *genos* que ainda pretende exercer o seu jugo sobre o nosso sistema solar, notadamente sobre a Terra.

Outro grande problema de Zeus reside nos tipos de **reprodução demo**, tanto a sexual como a de ordem mental, pois que ambas apresentaram problemas nos últimos 4 mil anos.

No tempo em que Zeus foi transformado no "Rei dos Deuses", havia se tornado impossível controlar o "produto" de um novo engendramento entre eles. Para esses seres, o que os humanos entendem como "controle", era tudo o que um pai-demo e mãe-demo queria ter sobre os seus filhos, pois essa sempre foi a "preocupação ancestral", vinda de Caos, ou seja, a de controlar tudo e todos à sua volta. Então, desde Caos, as gerações que se seguiram – como a de Urano, a de Cronos e a de Zeus, que são as mais conhecidas e citadas na *"Teogonia"*, **de Hesíodo** –, todos esses seres tinham filhos, mas não no sentido que os humanos normalmente concebem.

No início, Caos, por exemplo, gerou vários clones de si mesmo, mas mantendo o comando total sobre eles, pois impunha "lacres de controle" nos "códigos de vida" (CFD) de cada um deles e enchia-os de "travas mentais".

A partir da geração de Urano, foi sendo percebido que o domínio sobre os seus descendentes parecia diminuir, o que fez Cronos confrontar aquele que o havia gerado por "reprodução mental" – ou seja, Urano –, mal sabendo ele que também perderia o controle da sua prole, produzida da mesma maneira.

Qual o problema?

Até a geração dos titãs, comandada por Cronos, ocorria a clonagem pura e simples, à moda do que Caos havia feito.

Nessa época, o engendramento por "reprodução mental" de dois demos, consistia, mais ou menos, em se retirar uma "célula" do corpo de um deles, associando-a a uma outra, fornecida pelo segundo. Um deles estabelecia o "padrão psíquico" (a função a ser exercida) do novo ser, e os "lacres genéticos" e "travas mentais" eram, então, definidos.

O novo demo que emergia para a vida, herdava parte das características dos seus "pais", incluindo nesse "pacote" (herança) as "doenças" dos mesmos e a "fórmula mental" específica do talento, ou seja, da capacidade para a qual ele foi habilitado, e apenas nesse mister, ele deveria ser superior aos seus progenitores.

Em outras palavras, os "pais" geravam descendentes para que estes resolvessem determinados problemas, mas os mesmos não poderiam ser mais poderosos que eles – daí a imposição de "lacres genéticos" e "travas mentais" de toda ordem.

Esse tipo de contexto nunca funcionou muito bem, porém, em termos do que a cultura *demodhármica*[1] pode arquitetar no campo da opinião, até que o mesmo promoveu uma certa ordem de progresso no modo de vida dos seres do **eon** vizinho, considerada razoável e mesmo "boa", na maneira como eles enxergam, até a geração de Zeus. Nesse ponto, tudo passou por mudanças drásticas, cujas consequências ainda estão em curso.

O confronto entre as gerações de demos que se sucediam, sempre foi a tônica da geopolítica de lá. Por isso, Uranos teve Cronos como descendente que o superou, Cronos teve Zeus que o venceu e prendeu – ou seja, é filho brigando com pai o tempo inteiro, mas, como já explicado, não podemos entender isso como "filho" ou "filha" gerado(a) a partir de uma relação sexual, porque esta, com as suas "cores" (aspectos) biológicas, somente surgiu mais recentemente entre eles.

Indo para o cerne (foco) da questão, segundo o que agora se sabe, eles afirmam que um demo nunca conseguiu criar um clone "perfeito", ou seja, de acordo com seu desejo, mesmo formulando a "receita correta", pois esta não funcionava do modo como eles queriam – sempre saía algo de muito errado e fora do controle antes almejado. Entretanto, como o "lacre genético" que eles colocam é terrivelmente forte, o progenitor consegue ainda manipular o novo ser até um certo momento em que este se rebela e, então, toda ordem de confronto surge.

Assim também aconteceu com cada nova geração ao se revoltar com a anterior, emergindo as contendas tidas como lendárias, narradas nas páginas das mitologias. Devido ao fato de serem "indestrutíveis", a solução que encontraram foi a de criar *genos* **horríveis**, do tipo prisão – como o que eles chamam de **"Tártaro"**, um *geno* **underground**, um mundo inferior –, para "blindar punitivamente" os derrotados.

No caso de Zeus e da sua descendência, ao que tudo indica – ainda que ele não tenha atinado com o "pano de fundo" (contexto) espiritual que o envolvia, e ainda assim acontece – ele não mais conseguia apor (incorporar) qualquer tipo de "controle efetivo" sobre os seus, vamos dizer, "herdeiros".

Com Zeus aconteceu um pouco de todas as opções disponíveis, posto que ele é o protagonista de um "projeto espiritual" possível de ser implementado no âmbito do seu *geno* e da sua *timé*.

No início da sua vida produtiva, quando Zeus estava pensando em algum problema e se esforçando para encontrar uma solução, eis que saltava da cabeça dele um ser absolutamente pronto para a vida, até mesmo nos seus detalhes mais pitorescos de apresentação pessoal. Como? Uma célula dele se desprendia e surgia um corpo clonado a partir do "foco mental" profundamente afetado pela sua "energia nervosa", no qual a Espiritualidade "imantava" determinado Espírito no exato momento dessa "expressão", ainda que Zeus não tivesse intentado gerar qualquer ser naquele momento. Ele se preocupava porque isso acontecia especificamente com ele, enquanto todos os seus antecessores tinham que exercer a vontade de criar – ou seja, no caso de Zeus, **seres eram engendrados a partir do seu CFD, porém não de acordo com a sua vontade.**

Essa era tão somente uma das facetas (aspectos) das criações que emergiam do "corpo de Zeus". Com o tempo, muitas outras maneiras de gerar seres, fosse sozinho ou unindo as suas "células" às de outros demos ("reprodução mental" a dois, mas podia ser a três ou mais), ou ainda por meio da "reprodução sexual" que, mais tarde, ele conseguiu agregar ao seu modo de existir, **transferindo a sua condição de demobio (assexuado) para demobiol (sexuado),** quando também atingiu **o auge da sua capacidade de se metamorfosear.**

Na época de Zeus, com o passar do tempo do *eon vizinho*, começou a ser comum, tanto para ele quanto para os demos da sua geração, controlar o "produto" de um novo engendramento entre eles – e isso, eles bem que tentavam, porém sempre a situação saía absolutamente fora do padrão desejado.

Pandora é o nome que foi dado, posteriormente, a um ser demo que emergiu para a vida de um "consórcio" entre o olimpiano Zeus e a titânide Themis, portanto ambos de gerações diferentes. Na ocasião, eles juntaram os seus CFDs numa "poção" absorvida por Zeus, e eis que, após uma dor horrível que ele começou a sentir um pouco antes, surgiu um novo ente, que saiu de sua cabeça.

Tomando apenas esse evento como exemplo, imagine o(a) leitor(a), com a lógica humana atual, como deve ter sido horrível para Zeus, conviver com essa questão, quando dele, incontrolavelmente, emergiam seres, de tempos em tempos, querendo ele ou não! Se os humanos têm síndrome de pânico e mais disso e daquilo, pode-se concluir que, caso Zeus fosse um ser movido à moda do psiquismo humano, ele sentiria bastante horror e medo ao se perceber "usado por um alguém oculto", sem nada poder fazer a respeito disso!

Ainda assim, ele se manteve em equilíbrio e conseguiu, bem ou mal, levar adiante uma estratégia que traçou para o seu *telos*.

O que *telos* significa?

Ao tempo da geração dos "Deuses Primordiais", encabeçada por Caos, Tártar, Eros e outros mais, dois dentre eles, chamados de "Morus" e de "Ananque" (Orlof e Friga, respectivamente, segundo a mitologia nórdica), compuseram, então, a relação existente entre o **"Peso da Inevitabilidade Ancestral – PIA"** (indicador levantado por Morus), ou seja, o **"peso da doença ancestral"** distribuída entre todos os seres viventes, e as **"necessidades de cada ser, de acordo com o PIA"** de cada um (enumeradas por Ananque). Nesse ponto (momento), foi que surgiu a **noção de "destino"** e, mais que isso, a de que **existia uma finalidade (*telos*) naquele tipo de destinação**, que era a de **"corrigir uma cota"** bem particular do *genos* (aqui aparece com o sentido de **"Código-fonte Definidor de Vida Pessoal do Criador – CFDP"**) **"apodrecido" de Caos**, que mal se suportava existindo como um Ser "reconstruído".

Mesmo Zeus sendo engendrado há aproximadamente 300 mil anos, quando Morus já tinha desaparecido do *eon* vizinho, as Moiras, criadas por esse "Deus Primordial", puderam "tecer" (analisar) a "finalidade do seu destino".

O que Morus chamava de "PIA" de cada ser, agora definido na linguagem ancestral grega como *"telos"*, significava a "finalidade da inevitabilidade" gerada pela necessidade de correção da "doença" registrada no corpo e na Mente do Criador "caído", e que se encontrava desgraçadamente distribuída entre os descendentes – os seres viventes desta Criação – por meio do seu "código de vida original" (*genos*) de Caos.

Em grego arcaico, o vocábulo *"telos"* pode ser entendido como "finalidade". Desse modo, *"telos* do destino" seria a **"finalidade do destino"**, o "porquê de um determinado destino", ou seja, o conceito de *"telos* **individual"**. Sob essa perspectiva, o *"telos* **do destino"** foi ancestralmente gerado pelo conhecimento de Morus ao medir o "PIA" da "doença" do Criador, transferido para cada ser.

Apenas a título de ressalte, a expressão *genos*, ao tempo da tradição oral anterior ao período arcaico, já possuía diversos significados, mas o principal deles se referia ao **"código secreto da reconstrução do corpo adoecido de Caos"**.

Nesse sentido, quando *telos* era associado ao *genos*, a denotação era: o *telos* do destino do *genos* de Khaos (o **"caminho inevitável"** ou o **"destino do código genético de Caos, o Criador 'caído'"**) inoculado em outro ser, e que, portanto, sempre "ressurgia para a vida" por meio da influência ou do "redimensionamento" nele aplicado pela vontade dessa "cobaia" – a criatura-ferramenta.

A compreensão da expressão *"telos"* se encontra necessariamente vinculada a um aspecto problemático da existência. Assim, passou a haver o conceito de *"telos"* associado ao destino individual de um ser cuja missão é a de reformular o padrão que nele habita, de uma "cota do *genos* apodrecido" do Criador.

O conhecimento de Morus ficou perdido, e somente agora o seu Espírito se realinha com a sua antiga promessa – desde que ele "sumiu da vista" dos seus pares, antes da vida ter sido gerada no nosso universo biológico – de resgatar as informações obtidas desde o "instante zero" da emergência da Criação até esses tempos de "Revelação Cósmica". Desse modo, essa terceira revelação – a primeira foi a "Revelação Psíquica" trazida por Kapila[2] e a segunda trata-se da "Revelação Espiritual", codificada por Allan Kardec – complementa o cumprimento da "profecia das três flechas perdidas de Morus".

Portanto, agora se revela que o *telos* de Zeus sempre esteve relacionado ao fato do *genos* de *Caos* habitar no seu corpo – posto que o "Rei dos Deuses" é mais uma de suas criaturas-ferramentas –, mas funcionando à moda do *genos* (CFD) individual de Zeus. O mesmo se aplica a todos nós, e, finalmente, Zeus e seus pares compreenderam essa questão.

Assim, o *telos* de cada ser representa um "instantâneo" da "inevitabilidade do destino" promovido pelo *genos* de Caos, cuja finalidade era e é a de evoluir do modo que fosse possível a todo momento, limitado às suas circunstâncias.

Essa situação surgiu porque Caos "faliu" e não pôde mais promover a sua evolução. Por isso, "mãos invisíveis" repassaram para os demais seres desta Criação o "código do seu problema existencial", cabendo a estes, evoluírem da maneira que puderem, posto que o próprio Caos, além de incapacitado, ainda atrapalhava – assim foi até o ano do calendário terrestre de 2018 – aos que estavam tentando superar os obstáculos desta "dramática e criminosa" evolução.

Simples de entender, não é mesmo?

Se para a lógica humana esse contexto é extremamente difícil de compreender, imaginem como não era e ainda é para os demos, seres que sofrem de consideráveis padrões de "demência"!

Zeus finalmente descobriu que os seres que dele emergiam, faziam parte do seu *telos*, obviamente situado no âmbito das necessidades imperiosas do "redimensionamento da condição pessoal" do Criador "caído".

Dramático é, portanto, o *telos* de cada um de nós!

5

PROBLEMAS COM O "CÓDIGO-FONTE DEFINIDOR DE VIDA"

Quando Zeus percebeu, ao longo do seu reinado, que as crias engendradas por ele e seus pares, estavam saindo fora da agenda codificada pelas suas mentes, ele consultou os poucos "demos pensadores", produtores de ideias, de projetos e de soluções para situações intrincadas, sobre esse impasse verificado no campo da reprodução.

Na época da constatação desse "distúrbio" (problema), os personagens que costumavam ser percebidos pelos seus pares como possíveis conselheiros eram as titânides Themis e Metis, e os titãs Prometeu e Epimeteu, como também, mais recentemente, Apolo, Hefestos e Atena passaram a compor esse círculo mais íntimo – até que Prometeu e Epimeteu caíram em desgraça no episódio envolvendo Pandora. Além desses, personagens longevos e que viviam fora do circuito do Olimpo, como alguns centauros, as Moiras e determinados sátiros eram também, eventualmente, consultados sobre as confusões do cotidiano dos deuses.

Naqueles dias, era – e ainda é, nestes tempos atuais – tão preciosa a existência de um "ente pensante" entre esses "seres dementados", que mesmo quando Zeus e seus irmãos de geração se insurgiram contra os titãs, derrotando-os e aprisionando-os, o "Rei do Olimpo" reteve junto a si algumas dessas figuras, devido ao fato de serem brilhantes e demonstrarem alguma capacidade individual para além do seu "talento-função".

Além do que, Zeus sempre teve alguma noção dos seus limites e por isso manteve alguns titãs como sendo seus "conselheiros", mas no tocante à questão da reprodução, as recomendações por ele recebidas, eram tão somente quanto ao perigo dele ter um descendente com esta ou aquela parte de "código genético" que o habilitasse a usurpar o poder, como acontecera com os soberanos das gerações anteriores.

Zeus não lutara para conseguir o poder, isso era inquestionável, mas depois que o teve em mãos, ele tomou todas as precauções que pôde para não ser surpreendido e, ainda assim, precisou enfrentar algumas "rebeliões" entre seus pares olimpianos.

Sobre a questão desse impasse na reprodução, porém, ele adotou, por muito tempo, a atitude que julgou ser a mais lógica, que foi a de impedir, por decreto, a livre reprodução.

Dentre os últimos seres surgidos na geração de Zeus, **Dionísio** foi o primeiro a se aproximar da percepção "adulta" (responsável, ponderada, prudente) de que algo não vinha bem desde o início das gerações advindas de Caos. Ele notou que elas guardavam as informações produzidas pelos demos mais pensantes dos diversos evos, mas não as conseguiam compreender. Diferente dos demais, efetivamente, Dionísio se aproximou desse entendimento, porém não suportou o seu alto grau de dramaticidade e veio a enlouquecer nos últimos tempos da sua vida.

Em épocas mais recentes, ele foi o primeiro a constatar

que o "código da vida" dos deuses estava "apodrecendo" (deteriorando-se, corrompendo-se), e por isso nada funcionava quando do planejamento, pois se intentava uma condição e saía outra, e mesmo quando nada se almejava, independente da vontade deles, seres emergiam de seus corpos.

Por jamais atinar com qualquer solução, Dionísio, quando da sua presença entre os seus pares do Olimpo, fez constar, como tema importante da gestão de Zeus, **a percepção de que a estirpe demo apresentava problemas de "demência", o que restringia a compreensão – eram seres parvos.**

Esse inconveniente jamais foi resolvido, e, com o iminente fim do universo aonde vivem – agora, inevitavelmente percebido –, a descendência da geração de Zeus não se organizará como uma família se dedicando a um fim comum, porque eles simplesmente não sabem fazer isso.

Todas as classes de seres demos "faliram", no sentido de promover a sua própria evolução, e coube a Dionísio fazer esse anúncio, mas desde que resolveu abandonar o Olimpo e começar a andar pelo mundo terreno, principalmente na Trácia, passando pela Frígia e chegando até a Índia, ele foi desistindo de conviver com Zeus e seus emissários, preferindo se aprofundar nas experiências mais comuns à condição humana, assumindo um trágico inconformismo para com a vida.

Devido à "falência geral" dos CFDs dos demos, a história deles está acabando na descendência de Zeus, sob o respaldo do seu reinado, não sendo possível a emergência de uma nova geração demo, além do que o *eon* deles (o Olimpo) está se desestruturando.

Um dos aspectos do "drama" de Zeus é o de que ele se

sentia culpado e ainda se sente, em parte, por toda essa questão, achando que tinha tomado muitas atitudes erradas, e nisso, obviamente, ele está certo, mas o fato é que a culpa não é dele, ainda que, em torno de certos eventos promovidos por ele, a sua responsabilidade é incontestável.

O "Rei do Olimpo" demorou muito a entender que, apesar dos seus muitos erros, não havia uma culpa a ele atribuída. Ele só compreendeu isso quando o "Triunvirato Cósmico" (a *Trimurti*), ao tempo do ano terrestre de 2015, "confessou seus pecados" (admitiu suas falhas) para o universo demo, observando que, realmente, o **"problema da podridão ancestral[1]" do CFDP do Criador – a antiga tese postulada por Morus** – era a causa primária do fracasso geral, desde a geração dos "Deuses Primordiais" (muito anterior às gerações demos mais modernas) até a da descendência de Zeus.

6

DIFERENÇA ENTRE DEMOS E HUMANOS

UM OUTRO grande problema que Zeus enfrenta até este tempo é a **diferença de ordem corporal e psíquica existente entre demos e humanos.**

Hermes Trimegisto – cujo compêndio formulado em grego era originalmente o do deus egípcio Toth –, dizia que só um semelhante compreende o seu semelhante. Nós, humanos, em tese, somos mais evoluídos que uma formiga, contudo, por mais sábios que pensemos que somos, não podemos compreender o modo como esses insetos vivem. O curioso é que conseguimos fazer a leitura do que elas produzem e de como se movimentam, mas o porquê de uma formiga ser e agir do seu jeito, não sabemos.

Essa questão não fica muito diferente se substituirmos as formigas por macacos, golfinhos ou demos, por exemplo.

Demônios e humanos também são figuras à parte, que conviviam, mas não se compreendiam uns aos outros – e essa dificuldade persiste até a atualidade.

De minha parte, sou meio que obrigado a afirmar que,

mais ou menos, consigo entender os demos, porque o Espírito que me anima abriu seus centros memoriais e de outros seres consorciados com ele, num esforço singular para que o meu ego terrestre pudesse ter vislumbres do *modus operandi* (modo de funcionar) dos seus psiquismos.

Alguns *genos* ("moradas") mais sofisticados no sentido da tecnologia demo, já têm uma tabela demonstrativa do DNA do "rebanho humano" (grupo de humanos condicionados, facilmente manipuláveis), e eles também têm conhecimento que qualquer um de nós possui uma riqueza no código genético que os deles (CFDs) não apresentam. Sem que o saibamos, todos somos tipos de "cobaias", principalmente das necessidades de Caos (Javé) e de sua descendência demo. Contudo, não pensem que, devido ao fato de Caos ser um "necessitado", Zeus tem afeição por ele. Suporta-o como de resto o faz em relação à descendência mais antiga do Criador, posto que inevitável! E assim é para todo e qualquer demo!

Essa questão das "necessidades" é parte do "drama" deles, e o despertar para esse conhecimento de que são criaturas-ferramentas, está fazendo com que eles, agora, também "importem" (apropriem-se) um sentimento dos humanos que eles eram incapazes de apresentar, ou seja, o de ódio!

Um ser demo nunca sentiu ódio nem amor, nos moldes em que os humanos vivenciam, pois eles sempre agiram movidos por outros tipos de impulsos mentais, comuns à sua natureza psíquica parva e emocionalmente limitada.

Efetivamente, a geração de Zeus foi se "apaixonando", mas é uma classe de amor um pouco diferente do que imaginamos, uma vez que um demo não dá nem uma "casquinha de sua unha" (algo insignificante) gratuitamente a quem ele pensa que ama, muito menos lhe é possível ter grandes arroubos de fraternidade. Eles sempre agiram movidos por paixões sensórias e bestiais, mas não por sentimento racionalizado, porém eles não têm culpa quanto a esse aspecto das suas vidas, porque também são "cobaias" para um outro nível da "Matrix do Caos" – por sinal (curiosamente), este é o título de um livro que, se o fluxo da vida permitir, pretendo lançar futuramente.

Nós, humanos, damos a nossa vida por quem amamos, enquanto eles não fazem isso. Nós somos altruístas, mas eles não conseguem ser. Eles não possuem, nos seus CFDs (o código genético da vida demo), as sequências genéticas habilitadas a produzir esse tipo de postura mental sofisticada que nós apresentamos.

Então, eles observam o nosso DNA e o que os humanos fazem, e ficam inquietos e paradoxalmente extasiados. Desde quando isso se deu? Do tempo da vida de Tales de Mileto, de Hesíodo, de Sidarta Gautama, de Kapila, de Confúcio, de Lao Tse, dentre outros, para cá! Mais ainda especificamente, quando da época do Messias, ao perceberem os "poderes mentais" que Jesus e Apolônio de Tiana apresentavam como simples seres humanos. Concluíram, portanto, que aos humanos tudo seria possível, dependendo da "Consciência misteriosa e escondida" que movia cada um deles por trás das suas faces transitórias (corpos de vida curta).

Antes do exemplo de vida desses seres humanos, alguém nativo da Terra somente teria valor se essa característica fosse atribuída pela escolha de algum deus, isso sob a ótica tresloucada dos demos, até que perceberam que não era bem assim como pensavam até então.

Efetivamente, eles consideram os humanos meio estranhos e seguem estudando os diversos "graus de estranheza" em torno dessa história.

Qualquer um de nós pode fazer dez besteiras, porém, de vez em quando faz algo que os surpreende e mesmo encanta, e eles "apropriam" a sequência de DNA relacionada com a tal postura mental, "inoculam" neles, ainda que, muitas vezes, essa prática não funcione muito bem. Contudo, é assim mesmo que eles estão tentando humanizar os seus psiquismos como modo de fugir à "deformação original" que caracteriza Caos desde a sua "reconstrução" após a "queda".

O pitoresco é que, às vezes, a "apropriação" nada ética que eles fazem de certas sequências do DNA humano, funciona logo na primeira tentativa de "inoculação", pois é quando eles se humanizam, ainda que se assustem com as novas tendências – mas é assim que eles estão evoluindo! Isso não é muito diferente do que acontece com um humano quando, às vezes, ao assistir um simples filme, aprende algo com um determinado personagem, fazendo com que o seu DNA se modifique, sem que disso se dê conta.

Ao dar a ordem ao desafortunado do Abraão para que este assassinasse o seu próprio filho, Caos (Javé) deixou-o aflito e angustiado por alguns meses, questionando-se se obedecia ou não àquele comando impiedoso. Após um indescritível sofrimento, Abraão decidiu matar Isaac, e essa tomada de decisão modificou o seu DNA no campo da submissão irrestrita. A tal ponto foi o seu tormento, que Caos, que nunca fez questão de esconder a face cruel da sua grosseria intelectual e espiritual, enviou um dos seus anjos para impedir o criminoso sacrifício. Esse mando do Criador "caído" demonstra quão pouco respeito esses seres têm para com a condição humana. O "tenebroso e desumano", aqui, é que muitos indivíduos da nossa espécie tratam esse Ser como "deus"! Haja sapiência!

Nosso cérebro é plástico, e nosso DNA é maleável e facilmente influenciável pelas atitudes mentais da própria pessoa, como também pelas circunstâncias do ambiente. Dessa maneira, o mesmo se modifica instantaneamente, e alterações desse tipo constituem a vida que Caos "desfruta", ou seja, experimenta por meio das suas criaturas-ferramentas – ou mais apropriadamente, das suas "cobaias".

Caos somente dispensou a morte de Isaac, filho de Abraão, porque ele já havia conseguido que um pai humano resolvesse matar seu filho para atender a um simples "capricho" de um Ser "enlouquecido".

Zeus sempre soube que esse Ser nada possuía de "justo", de "honesto" ou de "santo", porque ele mesmo já tinha sido escolhido pelos seus pares, tendo em vista que os "Deuses Ancestrais" não mais detinham o respeito nem muito menos qualquer bem-querer da parte dos seus descendentes. O judaísmo e, mais propriamente, o catolicismo, o protestantismo e o islamismo, inventaram esses falsos epítetos para esse Ser "sofrível"!

O que Pandora (há uns 48 mil anos) e Eva (há cerca de 23 mil anos) fizeram no sentido de libertar o DNA humano das "travas mentais" e dos "lacres genéticos" impostos por esses seres "doentes", Abraão, mais recentemente (por volta de 4 mil anos atrás), "estragou"!

Abraão reconstruiu o "DNA da submissão", e foi por isso que a sua descendência se transformou no "povo escolhido" de Caos, que se apresentou como "Javé" a um filho de Noé, Sem, e como "Brahma" a outro dos seus filhos, Jafé. Essa seria, doravante, uma linhagem genética bifurcada que, naqueles tempos, surgiu com o "DNA submisso", do jeito que Caos desejava, posto que não podia mais recuperar o controle genético da humanidade nos moldes em que existiam antes de Pandora e de Eva romperem os "lacres de controle" no "código de vida" dos humanos da Terra. Não foi preciso Abraão matar, bastou ele decidir que faria isso!

Mal sabemos, mas quando se joga, por exemplo, *video game*, e alguém, orgulhosamente, "mata cem adversários" em determinado jogo, as "sinapses cerebrais" do jogador se constroem no cérebro como se o indivíduo tivesse, efetivamente, matado cem, ainda que o "grau de afetação" seja incomparavelmente menor, se comparado aos eventos trágicos da vida real. Ainda assim, se não existir um "detergente psíquico" que desfaça aquele "mal-entendido sináptico", se aquele for um tipo de vício cotidianamente vivenciado pelo adolescente, uma determinada massa crítica desse comportamento termina "manchando" a mente espiritual do tresloucado "jogador-matador".

Os demos sabem desse aspecto das nossas mentes, ainda que nós mesmos desconheçamos esse e outros painéis perturbadores do lazer humano!

Nós fomos projetados para sermos usados por outras Consciências de fora – é isso que procurei descrever no livro *"Mentalma I – A Consciência Esclarecida e a Gestão dos Arquivos Mentais"*[1]. Esses seres assistem e acompanham as nossas vidas como se fossem novelas das quais eles "não tiram os olhos" (não desgrudam), pois, para eles, significam aprendizagem, alimentação – sim, eles são meios que "vampiros psíquicos" – e, pasmem, também porque, para eles, é mais instigante vivenciar o que os humanos experimentam do que viver as suas vidas deploráveis na condição decadente que os marca!

Tem sido dessa maneira que a diferença entre demos e humanos vem diminuindo, e ninguém, na atualidade, sabe dizer muito bem como essa "novela cósmica" (história cósmica) acabará.

61

7

AS INTRIGANTES DISPUTAS ENVOLVENDO DEUSES E HOMENS

Os séculos VI e V a.C. foram períodos exuberantes para a Grécia. Por quê? Um dos mais belos painéis que emergiram na natureza humana, por meio da cultura helênica, consiste no que, atualmente, chamamos de "jogos olímpicos", mas que tiveram início como meras disputas individuais entre os atletas da Antiguidade.

Para a simplória vida dos deuses, os atletas humanos e semi-humanos se transformaram em tipos de "personalidades ilustres", "humanos importantes", cujos feitos eram os mais comentados entre os habitantes do Olimpo.

Ares e outros tantos deuses sempre foram especialistas em promover guerras. E o que é que se conquista com guerra? Nada! Para os deuses, como **a guerra reforma o mundo, ela funciona como um "freio de arrumação" (um modo rápido, ainda que bruto, de ajeitar as situações), já que não sabem mesmo organizar o desdobramento do "caos ancestral" de outra maneira.**

Por muito tempo, os "algoritmos mentais" dos demos funcionaram em torno da guerra, até que os jogos olímpicos e as odes de Píndaro[1] começaram a educar os seus psiquismos viciados em disputas de todos os tipos. Mesmo assim, alguns deles ainda mantêm esse ritmo mental alucinado de existir, e a paz parece incomodá-los!

Na Grécia, existiam eventos olímpicos em diversas cidades, sempre em homenagem aos deuses, sendo que, quatro dentre elas – Olímpia, Nemeia, Corinto, e Delfos –, passaram para a posteridade como tendo os mais importantes.

A cada quatro anos, na cidade de Olímpia, tinham lugar os "jogos olímpicos", competições em honra a Zeus. Já os "jogos nemeus", ocorriam na cidade de Nemeia, de dois em dois anos, e Zeus era também o grande homenageado. Os "jogos ístmicos" aconteciam na cidade de Corinto, no Ístmo de Corinto, de dois em dois anos, em consagração a Poseidon. Contudo, os principais eventos de disputa atlética da Grécia não eram os olímpicos, nem os nemeicos, nem os ístmicos, mas sim, os "jogos píticos", realizados na cidade de Delfos, de quatro em quatro anos, em louvor ao deus Apolo.

O ambiente psíquico que existia em torno desses acontecimentos, por muito tempo – na verdade, até os tempos atuais –, entreteve a atenção dos seres que vivem no universo vizinho.

Nos já referidos séculos VI e V a.C., enquanto os etruscos, os fenícios e os persas tinham gladiadores matando pessoas para a "diversão" da plateia do "fator pão e circo" (os que se contentam com distrações descabidas), que tanto entretém o "rebanho humano", os gregos apresentavam os principais momentos da sua civilidade nos seus eventos olímpicos, quando toda a cultura helênica vivia em torno das disputas, porque quem ganhava uma competição olímpica, passava a ser tido como um semideus.

Nessa época, não havia jogos de equipe, pois todas as

competições eram individuais, como corrida de bigas, arremesso de discos, de dardos, de pedras e luta. Em cada uma dessas cidades, o vencedor de um jogo olímpico recebia um tipo de coroa composta de folhas e flores características do lugar. Além disso, ganhava também uma ode do grande poeta Píndaro.

A obra de Píndaro, associada às de Hesíodo, de Homero, de Apolônio de Rodes, de Apolodoro, como também às dos dramaturgos Ésquilo, Sófocles e Euripedes, compõem as principais fontes sobre as antigas tradições orais da mitologia grega, que foram registradas por escrito quando da elaboração do vocabulário grego – realizada em torno das obras mais antigas, como as de Homero e Hesíodo.

Uma ode de Píndaro equivaleria, atualmente, ao aparecimento do vencedor em mídia mundial, pela posteridade afora. Os gregos tinham essa índole (aptidão) de reconhecer a bravura e os feitos alheios com honra e respeito, portanto, com uma ode de Píndaro, a Grécia inteira escutava a sua poesia, o lirismo desse grande poeta, dedicado tanto ao vencedor como ao deus patrocinador do "atleta-herói". Sim, **existia esse tipo de estranho patrocínio associado a um pacto de honra entre os tais deuses, que eles poderiam torcer, apostar, patrocinar treinamento e outros detalhes, mas nunca interferir no momento da competição!**

Assim, todo esse grandioso contexto em torno das disputas era cantado pela cultura helênica, enquanto o resto do mundo ao seu redor, derramava sangue (matavam-se) em lutas fratricidas.

Por aquele tempo, em muitos lugares, "corria solto" (era comum) o velho hábito das lutas mortais entre gladiadores, oportunidade em que a plateia se "embriagava com o sangue alheio" (se extasiava com as mortes violentas), enquanto que, na Grécia, aspectos mais sofisticados da evolução eram cultuados por todos.

Foi uma rara época em que os considerados deuses e os humanos evoluíram, cada espécie à sua maneira e conforme as suas possibilidades psíquicas, ainda que os últimos sempre fossem tratados como "cobaias" dos primeiros.

Mesmo assim, havia problemas!

Quando um competidor ganhava, os deuses, que nessa ocasião não conseguiam mais conviver tão abertamente com os terráqueos – pois os portais já apresentavam impossibilidade de trânsito, e eles se encontravam como que, novamente, fechados nos seus *genos* –, observavam, de suas "moradas", o que se passava com o vencedor e com os demais humanos envolvidos nos jogos olímpicos. Essa prática demo terminou se transformando na novela ou filme preferido que movimentava as suas vidas e as suas toscas emoções, muito mais do que os próprios fatos do cotidiano do Olimpo e adjacências.

Dessa maneira, a vida real dos seres demos foi sendo assumida como secundária em relação ao que se passava na Terra, e o padrão de "demência" que esses seres ostentam nos seus psiquismos, jamais os permitiu exercerem uma postura crítica em relação a esse e a outros aspectos da derrocada do "modo demo" de ser.

Para os gregos, portanto, aparecer nas odes de Píndaro era algo esplendoroso. Para os deuses era muito mais, e durante um tempo, representava a glória total, porque eles "faliram" e passaram a vivenciar a vida dos humanos refletida neles. Por esse motivo, eles tentavam influenciar Píndaro, em benefício de si mesmos, e transformaram a vida desse poeta num inferno, até se esgotarem e não conseguirem mais intervir.

Píndaro escreveu dezessete compêndios de odes, contudo, para a posteridade somente escapou parte de um deles – o resto se perdeu!

Na atualidade, muitos humanos vão dormir felizes ou tristes, totalmente influenciados pelo enredo-roteiro do drama televisivo, mas, obviamente, sem influenciarem os atores e atrizes da novela. Os deuses, por outro lado, presos nas suas "moradas", apostavam quem ganharia a disputa ístmica tal, a peleja pítica qual, e sendo "dementes", ou seja, psiquicamente afetados, não tendo emoções rebuscadas como os humanos, a vida deles passou a ser, doentiamente, a tentativa de influenciar de lá, os grandes atletas gregos e outros protagonistas da vida humana.

Quanto a esse costume, impõe-se a seguinte reflexão: esse contexto já era um avanço em relação ao que os tais deuses faziam cerca de seis séculos antes, quando os portais já apresentavam um ou outro atrito, mas o trânsito entre regiões distintas dos dois universos ainda se dava sem maiores problemas. No entanto, nem sempre foi assim!

Num tempo anterior ao dos eventos olímpicos, píticos, neméicos e ístmicos, quando, por exemplo, por ocasião da Guerra de Troia, a humanidade era absolutamente desrespeitada – sempre foi – porque esses seres interferiam diretamente nas lutas que eles mesmos provocaram entre os desavisados humanos.

Vergonhosamente, do mesmo modo que cavalos, cães e mesmo galos são usados em brigas (rinhas), para gerar o que, estranhamente, algumas pessoas entendem por laser, esses deuses sempre se utilizaram dos "animais humanos" para expressar as suas diferenças e ambições.

Relatando de maneira simplificada, como já referido, cerca de uns seiscentos anos antes da época de Píndaro, quando os deuses ainda influenciavam efetivamente os humanos, alguém dentre eles resolveu se divertir com os doze integrantes da "Assembleia do Olimpo" – constituída por Zeus, Apolo, Atena, Hefesto, Hera, Afrodite, Poseidon, Ares, Deméter, Ártemis, Hermes e Dionísio –, de uma maneira pitoresca.

Atualmente, a "teoria do caos" afirma que "um bater de asas de uma borboleta pode provocar uma tempestade no outro lado do planeta". Foi mais ou menos isso que uma simples frase-bilhete causou, pois teve o efeito de provocar uma catástrofe entre os humanos, uma desgraça que "moeu carne e derramou sangue humanos" (resultou numa grande matança) por mais de dez anos: a já citada Guerra de Troia.

Éris, conhecida como sendo a "Deusa da Discórdia", por não ter sido convidada para as bodas da divina Tétis – que permaneceria para sempre jovem – com o mortal Peleu, usou da sua especialíssima capacidade em gerar discórdias ao se dirigir ao "Jardim das Hespérides", aonde colheu um dos famosos "pomos dourados", em cuja casca escreveu com uma agulha: *À mais bela*. Na primeira oportunidade que teve, jogou o pomo, sem ser vista, na direção da mesa dos convivas, na qual estava Zeus, e se retirou do local.

É dito que Zeus apanhou desavisadamente a fruta e leu em voz alta o que nela estava escrito. Logo se arrependeu, mas as três deusas mais poderosas e belas presentes no ambiente já começaram a olhar uma para as outras, e foi com base nesse evento que a Guerra de Troia veio a se dar, tempos depois.

Seria como se alguém invejoso tivesse chegado numa reunião dos doze deuses da "Assembleia do Olimpo" e dissesse:*"Zeus, faz tempo que você não realiza uma eleição de miss Olimpo por aqui".* E Zeus: *"Não, não precisa!".* E o invejoso:

"Por que não precisa? Você acha que sua consorte Hera é mais bonita que as outras?". Zeus não podia responder porque senão ele se daria muito mal com Afrodite, com Têmis, com Metis e mesmo com sua filha Atena. Por outro lado, se não dissesse que sim, Hera ficaria enfurecida. Para Zeus, teria sido ótimo se esse assunto jamais tivesse surgido, porém a "borboleta bateu as asas", e aí começou a confusão! Provavelmente, Zeus diria, como maneira de escapar daquela armadilha desnecessária: *"Preciso sair um instante".*

Naquela ocasião, houve uma forte discussão entre Hera, Afrodite e Atena, o que fez com que uma disputa se estabelecesse entre elas, sobre quem seria a mais bela deusa do Olimpo, ainda que ninguém quisesse fazer parte da "comissão julgadora do tal concurso" para não ter que enfrentar a ira das perdedoras.

Alguém com alguma "sensatez" sugeriu:

"Todo demo é meio parvo, eu inclusive, e assim não devemos fazer esse julgamento. No entanto, os humanos são mais sagazes e têm senso crítico, então, vamos escolher um dentre eles para dizer quem é a mais bela do Olimpo".

Sobrou para quem? Para o desafortunado do Páris, filho de Príamo, Rei de Troia, que estava pastoreando os seus rebanhos quando três deusas lhe apareceram, dizendo:

"Ei, humano! Ajude-nos a resolver um dilema! Quem, de nós três, é mais bonita?"

O mais belo mancebo da época engoliu em seco, pois, de pronto, percebeu o tamanho da encrenca em que, sabe-se lá o porquê, estava agora envolvido.

Fugiu como pôde de dar uma resposta, até Afrodite lhe oferecer algo em troca: se ela fosse a escolhida, assegurava que Paris poderia ter qualquer mulher na face da Terra que ele escolhesse. Não deu outra! Paris escolheu Helena, esposa de Menelau, rei de Esparta.

Hera e Atena juraram se vingar de Paris, e com o rapto de Helena pelo rapaz, a Guerra de Troia veio a ter lugar nas tristes páginas da história humana.

Lenda? De jeito nenhum! As lutas fratricidas foram descritas na *"Ilíada"*, de Homero, associada à epopeia de um dos protagonistas da guerra, o herói Odisseu, narrada na *"Odisseia"*, do mesmo autor.

Frente a esse contexto, a intervenção de determinado deus, tempos mais tarde, quando das disputas olímpicas, até mesmo parecia ser um padrão mais elegante de influenciação, visando obter resultados favoráveis para si, nas intermináveis apostas entre esses demos.

É doloroso afirmar, mas muitos dos eventos perturbadores da história humana resultam da mais criminosa manobra desses seres, como Caos (Javé), que escolheu os hebreus para viver numa terra que ele daria, caso lhe considerassem como o único deus, só que nela já habitavam outras tribos de origem étnica diferente, e, por isso, até agora, judeus e árabes se detestam. Lenda? Absolutamente, não! Essa é a triste realidade dos últimos quatro mil anos, com todos os seus desdobramentos!

Desse modo, corruptores e os ultrajados corrompidos – muitas vezes, por inocência –, também conhecidos como deuses e seus "escolhidos", respectivamente, foram se sucedendo nas "páginas da história" (no desenrolar dos acontecimentos históricos). E, assim, temos caminhado (vivido), movidos pelas intrigas entre deuses e os desavisados humanos!

Um acontecimento terrível, como a Guerra de Troia, começar porque esses seres, quando influenciavam abertamente os humanos, "não estavam nem aí" (não se importavam) para as consequências, é algo que somente no futuro compreenderemos melhor.

Mesmo Têmis, que é a figura mais lúcida e sensata entre os deuses, nessa época, teria justificado o morticínio, dizendo:

"Há humanos demais na Terra, então, é bom ter uma guerra para ver se diminui a quantidade deles".

Simples, assim!

8

O TRÁGICO OBJETIVO DE ZEUS

No ano terrestre de 2016, quando a "Trindade Cósmica" (a *Trimurti*) "faliu", Zeus percebeu o impensável: que Caos, Eros e Tártar sofreriam as impiedosas consequências previstas na "profecia de Morus", que medira, no passado imemorial, o "peso da podridão ancestral" – ou seja, o **"Peso da Inevitabilidade Ancestral" (PIA)** – que, em algum momento, esmagaria os próprios autores da sua arquitetura.

Como consequência, os "Senhores da Trindade Cósmica" seriam "desconstituídos" ou poderia lhes ser dada uma oportunidade de honra *demodhármica* para que eles mesmos se "autodesfizessem".

Ninguém acreditava que isso pudesse acontecer, pois tal atitude constituiria "abrir mão" (desistir) do poder, aspecto que não existe nos "protocolos mentais da Mente *Trimurtiana*", nem mesmo na Aristocracia descendente desses três Logos que sempre compuseram a Tríade que comandou esta Criação "problemática e caótica" até aqui. Na lógica deles, e por herança, na dos humanos que se julgam "espertos", o poder somente pode ser tomado à força, jamais recebido, ao ser dado por quem o detinha. Todos os seres "pequenos" (sórdidos, repugnantes), até mesmo muitos humanos, ainda não conseguem praticar este avanço sociológico que a humanidade terrestre fez emergir na vida, chamado "democracia" – na qual quem perde a eleição entrega o poder sem guerras e conflitos a quem, a partir dali, detém o mandato outorgado pela vontade da maioria –, dada a bestialidade das suas ambições e a ignorância doentia que marcam os seus psiquismos.

Para piorar ainda mais a compreensão algo modesta do aturdido Zeus, apareceu um personagem inesperado, um anjo-clone que, no já citado livro *"Inquisição Trimurtiana"*, chamei de "Indecifrável", porque assim mesmo ele se apresentou, quando questionado.

Esse "anjo-clone de primeira hora" nunca foi acionado por Caos, e de modo inusitado, tornou-se extremamente poderoso, pois nada gastou do seu poder pessoal ao longo dos últimos 13 bilhões de anos. Ao que parece, numa época em que Eros (Vishnu) ainda não tinha se manifestado nesta Criação e, portanto, a *Trimurti* sequer havia sido constituída, Caos (Brahma) havia lhe dado uma ordem para construir uma classe de *geno* estratégico ("morada-armadilha", para capturar seres punidos por ele) que acabou não sendo utilizado porque a intenção inicial era a de enclausurar determinados anjos-clones considerados "traidores", principalmente o "clone rebelde" que se transmutou – na primeira metamorfose ocorrida no âmbito desta Obra "inacabada" –, mais tarde, em Tártar (o "Deus Primordial" Shiva), após o forte ataque que recebeu do Criador "caído".

O "Indecifrável" permaneceu por esses 13 bilhões de anos nessa morada estratégica, aguardando uma segunda ordem que não veio, ficando lá como se esquecido, o que teve o "condão" (efeito) de poupá-lo de desgastes.

Nesse evento descrito no livro *"Inquisição Trimurtiana"*, o "Indecifrável" "colocou de joelhos" (submeteu) a *Trimurti* e todas as três linhagens dela decorrentes, com uma simples "detonação da sua explosão magnética" a elas dirigidas, aspecto que Zeus nem ninguém mais havia visto em termos de concentração de poder num único ser.

Como se "coroando" (elegendo) um desconhecido e misterioso esforço que fez da espécie humana – que há bem menos de cinquenta mil anos era tão somente formada pelos animais terráqueos mais estimados por alguns deuses, devido ao grau de sua esperteza – a herdeira da gestão socio-política do planeta, o "Indecifrável" se dirigiu ao humano ali presente, o único não atingido por sua contundente "pan-cada magnética". Nessa ocasião, informou que, pela ordem ancestral recebida de Caos, de sempre proteger o que fosse do interesse do mesmo, com vistas à sua "recomposição original", ele ali estava cumprindo-a, porque, finalmente, percebera que, de todas as estirpes até então geradas, somente a humana poderia compreender o "problema" do Criador e atinar com o "ajuste" dele e da sua Obra.

A pior parte de sua revelação, porém, veio em seguida, quando afirmou que tudo o que estivesse atrapalhando a espécie humana de cumprir a sua destinação, deveria ser destruído. E ali estava ele, aguardando o "comando do humano" no sentido de "liberar o caminho" (eliminar os obstáculos) dessa construção, apontando quem deveria ser eliminado.

Zeus ficou profundamente surpreso ao ouvir o humano afirmar que não daria tal ordem, pois não queria se igualar à estupidez e a "demência" dos seres ali reunidos.

O "Indecifrável", após certa hesitação, declarou que retornaria para o seu *geno* e que, de lá, continuaria a aguardar qualquer ordem que viesse do humano cuja "assinatura quântica" havia sido eleita pelos próprios "Senhores da *Trimurti*" para fazer cumprir os termos dos chamados "finais dos tempos proféticos".

Em seguida, ao mesmo tempo em que iniciava um movimento de subida para um lugar que somente ele parecia conhecer no universo vizinho, desfez-se na frente de todos.

Desde então, a atenção de Zeus e dos demais seres demos se voltou definitivamente para a condução que a humanidade, inconscientemente, estava aplicando ao seu desavisado destino. Para sua surpresa, o seu "grau de demência" nunca havia percebido antes que os humanos, efetivamente, foram levados à condição de cegos (desconhecedores) em relação a todo o passado, chamado de "mitológico" na atualidade. Pela primeira vez, ao que parece, os olimpianos e titânicos livres analisaram com "cores e lentes" (destaque e perspectivas) apropriadas, a real condição de ignorância intelectual (no sentido de ter a informação) e, principalmente, racional (quanto à capacidade de compreensão) do "rebanho humano".

Um dos aspectos mais triste e mesmo pitoresco do plano trágico e desesperado adotado por Zeus, foi a sua decisão de preparar diversas equipes, do lado de lá, para "darem sinal de vida" (mostrarem-se) aos terráqueos, sendo que, obviamente, jamais conseguiram algo quanto a isso, pelo menos até este início do ano de 2022, em que escrevo este livro.

De minha parte, devo pelo menos deixar o registro que Zeus tem tentado, desde o ano de 2007, uma maneira de interagir com a minha condição humana, e mesmo com esse canal sendo estabelecido por insistência dele, poucas foram as oportunidades em que dei continuidade a esse processo.

A última vez em que isso se deu, foi no início do ano de 2021, quando trocamos as seguintes impressões:

— Você sobreviveu e, mesmo sem querer, provocou o fim da *Trimurti* – comentou Zeus. — Inesperadamente, ainda propiciou a saída do "Ser Enigmático" do seu *geno*. Entretanto, você parece não ter consciência do que fez. Se tem, disfarça muito bem até para os nossos olhos!

— Fui usado pelo Espírito que me anima, devido a um velho encadeamento genético que vem sendo perseguido desde a utilização de uma outra encarnação dele, cujo corpo humano serviu como base de registro da "aposta" dos três "Deuses Primordiais" que nele esconderam suas "Assinaturas Conscienciais" ou "Fórmulas de Poder", que vocês tanto negociam e tentam se apropriar, sempre que podem – retruquei, referindo-me a Enoch e à "aposta" abordada no livro *"Inquisição Trimurtiana"*. — Nada tenho com isso! Além do mais, acho uma "covardia quântica" vocês ficarem observando aqueles que não podem fazer o mesmo em relação a vocês. Sei que vocês não têm culpa, mas acho um exagero a "pescaria" (captação) que fazem nas sequências genéticas existentes no DNA dos humanos.

— Na humanidade terrestre, muitos matam uns aos outros e a maioria come cadáveres de outras espécies, como você mesmo costuma dizer! – argumentou o "Rei do Olimpo". — Portanto, qual o problema de retirarmos de vocês os "tratados químicos" que foram originalmente produzidos por nós? Contudo, não é esse o assunto que desejo discutir com você! Preciso lhe propor um pacto, já que não tenho como falar com todos os humanos. No momento, você é o único com quem posso interagir conscientemente. Sei que é do seu conhecimento que, com o vazio no exercício do poder ancestral promovido pelo fim da *Trimurti* e da dissolução em curso dos seus fundadores, outras forças emergiram nesses últimos milênios e, agora, posicionam-se de modo a dominar o que puderem.

— Desde que fui escolhido pelos meus pares olimpianos e titânicos, que os governo, e tempo houve que também reinei sobre os humanos – continuou ele. — No entanto, sempre procurei conter os meus ímpetos para deixar cada um escolher o que desejava ser. Nunca impus nada a ninguém! Se o fiz, foi no exercício da fúria e da indignação, mas não de maneira planejada. Ainda assim, sei que colecionei muitos defeitos inerentes à minha natureza e incontáveis atitudes e decisões infelizes também fazem parte do meu cabedal, que compõem o meu *telos*. Contudo, nunca senti ódio por ninguém, nem por aqueles que me derrotaram numa ou noutra situação, e mesmo sobre os meus ancestrais, a eles dedico o respeito que minha honra de descendência impõe, ainda que desconsidere muitas das suas tradições, que você costuma classificar de *"trimurtianas"*.

— Erros, acertos, conquistas, enfrentamento de desafios, destruição de monstros, perdas e superação compõem o **telos de um deus**, e sobre o meu, posso afirmar que nada existe de "maldade pura" – declarou Zeus. — Entretanto, há um ser que possui natureza pior do que a de Ares e de outros que enlouquecem na fúria de uma contenda e exageram em conta superlativa nas suas atitudes. Esse, ao qual me refiro, deve ser a "personificação da maldade", do que de pior existe em decorrência do "erro primordial" de Caos, e precisa ser detido!

— Com todos os meus adversários e inimigos, a conversa foi possível antes, no meio ou mesmo depois das contendas –

seguiu explicando o "Deus dos Deuses", visando alertar sobre o ser tenebroso denominado "Cegon Xalan". — Todavia, com este, cujo pensamento determinante do ódio destruidor é nele fixado feito chumbo, não existe nenhuma possibilidade de negociação, pois o seu engendramento híbrido titânico associado à linhagem de alguns dos adversários (elfos tenebrosos da escuridão) daquele a quem vocês chamam de "Odin", reúne somente o que de ruim, odiento, perverso e bestial veio à existência e para esse ser convergiu. Isso tudo está como que chumbado no seu ser e no seu modo de agir!

— O pacto que lhe proponho é no sentido de gerarmos uma "trincheira mental", associados a outros tipos de seres, como sendo a única maneira, conforme entendem os que vivem no Olimpo, de bloquearmos esse ente e impedir o seu avanço em direção ao universo de vocês, aonde os eventos decisivos para o futuro de todos estão tendo lugar – propôs Zeus.

— Num tempo em que nem eu nem os titãs éramos ainda nascidos, há cerca de 300 milhões de anos, os ancestrais desse ente detonaram com a vida no planeta Marte e, mais recentemente, no ano de 2020, quase que ele conseguiu fazer o mesmo com a vida terrestre – relatou o "Rei do Olimpo". — De onde vivemos, não temos como atinar em relação a certos aspectos dessa verdadeira "guerra microbiológica", mas tudo o que sei é que, como mandante desta parte da realidade de cá, tive que administrar a sua microcontraparte antimaterial, pois também por aqui, ao longo desses últimos 20 mil anos, toda sorte de microsseres têm aparecido e nos desgastado, e mesmo impedido a procriação entre nós. Essa disputa perene em torno do que os humanos chamam de "campos mórficos das espécies", vem sendo travada há cerca de, pelo menos, 5 bilhões de anos, a partir dos níveis ("moradas") mais antigos deste universo em que vivo e que, agora, está apartado do de vocês. Não percebemos esses níveis e os mesmos permanecem escondidos, exatamente para manter os competidores no mesmo número em que se encontram atualmente, e isso é o que deduzimos por aqui, no Olimpo. Podemos contar com você?

— Percebo o problema e acho até que o entendo, mas não tenho como me movimentar no meu mundo, pois sou voz sem credibilidade, algo solitária, nada representando para o conjunto da cultura humana, e penso que deixarei essa vida nessas circunstâncias, o que me agrada, perante tudo o que fui forçado a viver – declarei. — Não tenho mais motivação para me lançar, destemidamente, numa parceria com seres que sempre trucidaram a espécie humana. Além disso, como agora necessitam de atuação neste lado da existência, oferecem pacto ou ardil disfarçado em pareceria desesperada. Sinto muito! De minha parte, não há muito a fazer, a não ser as palestras que já realizei sobre a questão, conforme meu próprio tirocínio, com base no que o Espírito que me anima liberou de informações a respeito disso.

— Você não confia em nós? – questionou ele.

— Nem um pouco! – respondi. — Nós, os humanos, podemos ser trágicos, criminosos, corruptos, minimalistas e mesmo estúpidos, mas vocês são piores! Se esse ente consegue ser mais terrível ainda do que tudo isso, o que posso fazer a respeito dessa questão na minha modesta condição humana? O que os humanos podem realizar, mantidos na ignorância, como sempre foram, se sequer sabem sobre a existência de vocês, quanto mais a da *Trimurti* e desses seres tenebrosos? Que se cumpra o destino! A ocasião de se resolver isso foi lá atrás, mas nem Caos, nem

Eros, nem Tártar, nem seus descendentes, nem mesmo você, ninguém percebeu nada desses problemas. Agora, equívocos concentrados, acumulados e tendo essa "podridão" eclodido mais bestialidade ainda, com todos desagregados, você vem propor algo que, no passado, até poderia "ter vingado" (dado certo), porém, na atualidade, não há como ser estabelecido. Não temos vivido de tragédias? Para nossa sorte, morremos, mas vocês, nem isso! Que se cumpram os termos finais de Caos!

— Não depende de mim! – justificou ele.

— Muito menos de mim ou de qualquer terráqueo! – retruquei.

— O "Autogerado" do seu universo é quem deveria resolver isso, contudo, nem ele mesmo escapou da agressão quando, no início de 2020, ele intercedeu, mas precisou retroceder frente a força do "ser de chumbo"! – disse Zeus, referindo-se ao evento de 16 de março de 2020, que envolveu Sophia, também chamado o "Cristo Cósmico", o "Comandante" deste universo material. — Ainda bem que esse "Ser-Cego de Olhos Chumbados" teve também que recuar! No entanto, aqui reside um problema, pois não está correto, de minha parte, afirmar que ele recuou, pois esse ser, quando estabelece passos ou etapas estratégicas no seu "planejamento mental", cumpre-as todas e jamais deixa algo por fazer, nem retrocede. O recuo ao qual me referi, diz respeito à sua atitude depois do impasse estabelecido entre ele e as forças do "Autogerado", que você chama de "Sophia". Ele poderia ter avançado sobre a frota do suserano daí, mas resolveu encerrar o confronto, porque deve ter se contentado com as conquistas que auferiu (conseguiu) e sobre as quais ainda nada sabemos no Olimpo.

— Tudo o que sei é que ele ameaçou invadir os *genos* que

estão sob a autoridade e a proteção do Olimpo! – esclareceu o "Rei dos Deuses". — Entretanto, o que houve no contexto da *Yggdrasil*[1] de Odin, aqui não se repetirá, pois perco a vida, mas levo ele comigo. Odin, depois de tudo o que fez, morreu no *Ragnarok* de Marte[2], porém não pretendo que esse seja meu destino. Se for, que isso aconteça na frente do "Ser de Chumbo", que parece ser imune a tudo. Entenda que preciso do pacto com você para envolver o "Indecifrável" nesse contexto, caso isso venha a se dar nesses termos. Nós, do Olimpo e de mais alguns *genos* que não sei ao certo se você conhece, somos a última trincheira que separa esse destruidor de vocês. Ainda assim, no início de 2020, ele nos enganou a todos e tentou agredir a Terra. Não posso desistir assim! Já recebi muitos "nãos" de sua parte! Voltarei a procurá-lo!

Alguns meses antes desse contato, ainda no final do ano de 2020, tendo o Ser Indecifrável como tema central das suas preocupações, Zeus havia me informado:

— Deixe-me esclarecê-lo sobre algo que você não sabe! Conforme relataram os ancestrais da geração dos titãs após a recente derrocada da *Trimurti*, num tempo bastante remoto, quando essa Tríade sequer havia sido pactuada, pois os três Logos ainda estavam se conhecendo, um certo ***geno*** foi constituído com seres nele gerados e robotizados para construírem um mecanismo de autodestruição em seus próprios corpos, com o objetivo de acabar com toda a Obra de Caos, posto que esse foi o objetivo inicial de Tártar. Sua condição anterior de Divindade Cocriadora "mergulhou" nesta Criação[3] para tentar desconstruir Caos, autodestruindo-se depois, mas não sem antes ter também aniquilado tudo que fosse condição viva (microsseres antimateriais do universo vizinho), utilizando-se da ativação da energia dele emanada (*tamásica*) antes da sua expressão como "anjo rebelde" que, mais tarde, tornou-se Tártar o "Pai dos Demos". Só que o processo não funcionou de acordo com o esperado! Desde então, os seres desse *geno* têm esse mecanismo vinculado a um perigoso sistema no qual um "movimento de Consciência" de três deles, que formam um tipo de Tríade de anjos-clones jamais despertos, faz com que o "detonador da auto-destruição" seja acionado.

— Não se trata de um botão que se aperta, mas é a mente deles que pode ser movimentada nesse sentido – explicou Zeus. — Como eu falei, basta um "movimento de consciência" de três deles e, instantaneamente, o universo de Caos se desintegra. A questão é que ninguém sabe direito as consequências da detonação desse mecanismo, porém parece que ele afetaria o universo biológico, e isso complicaria, definitivamente, a resolução do problema referente à "queda" do Criador, além de outros mais. O "Indecifrável", não sei exatamente como, mas ele se sobrepôs a isso ao retirar desses três anjos-clones o aparente comando, possivelmente imobilizando-os, retendo nele esse "mecanismo autodestruidor". Agora, esse ser se mostra ligado aos humanos, mais especialmente em alguns poucos. Portanto, é necessário que vocês vibrem, permanentemente, com a fé que somente essa humanidade pode sentir de que tudo dará certo. Contudo, para tanto, é necessária uma parceria, a qual ainda não sei estabelecer muito bem como esta poderia se dar.

— Entendo que sou limitado, mas não tenho conhecimento dos meus limites! – acrescentou ele. — Sei que, para além dos "céus" ("moradas") do Olimpo, existem outros tantos que não conheço e muito menos posso conceber. Os humanos têm também as suas limitações, porém as ultrapassam por meio da sua imaginação e dos seus sonhos. Nós não temos essa faculdade psíquica! Estou lhe dizendo isso porque precisamos repassar para vocês muitas informações que colecionamos e que não compreendemos, mas pensamos ser importantes para o futuro de todos nós. Desde que a produção dos seus livros e das suas palestras teve início, a vida de alguns de nós mudou. Descobrimos quem você representa, devido ao cumprimento das "promessas" de Morus por meio de duas das três "flechas" que você resgatou na Escócia e na Croácia, e também compreendemos que a "Revelação Psíquica", a "Revelação Espiritual" e, agora, a "Revelação Cósmica" fecham o circuito dos conhecimentos perdidos. Respeitamos as suas opções, ainda que não consigamos aceitar algumas delas e, muito menos, atinar com outras tantas, mas a questão é que necessitamos entender a sua estratégia.

— Não tenho nenhuma! – declarei. — Não tenho poder de nada, nem sobre situação alguma!

— Nós carecemos do seu concurso, e para nossa desdita, você tem o único tipo de poder que incomoda a todos os poderosos que querem usá-lo, posto que você repousa em si mesmo, ou seja, tem o comando sobre si próprio, e isso imobiliza a sua "Consciência Maior" – insistiu o "Rei do Olimpo". — Precisamos dela, e a mesma não age sem que seja movida pela sua condição humana. Isso aprendi! Nada fiz nesse sentido, mas foram os meus ancestrais que "inocularam", no código eterno da sua Consciência, tanto na que permanece sendo sempre o que é, como na que transita pela variedade de egos, as suas "Fórmulas Mentais" secretas e, atualmente, padecem dessa perda, pois você as destruiu sem nada retirar para uso próprio. Não entendemos essa sua atitude! Na verdade, ninguém entende! Isso parou todo o processo de disputa entre nós, menos para o "ser chumbado no ódio", o "imodificável", aquele que precisa ser derretido e desfeito sob pena dele mesmo desconstituir, antes do tempo propício, tudo o que existe.

— Reflita, ó humano! – solicitou Zeus. — Isso lhe pedimos, ainda que saibamos quão grandes foram as dores que lhes causamos. O fato é que tem sido sempre assim: a espécie mais nova que emerge, domina as demais e impera friamente, sem levar em consideração a situação da dominada, como os humanos fazem com as demais da natureza terrestre. Infelizmente, Caos iniciou as regras da existência dessa maneira, e isso perdura até agora.

— Seja lá o que você for, saiba apenas que me cansei e que não cabe à minha condição humana qualquer iniciativa ou próximo passo nessa história – contestei. — Tomo-me por esgotado! O corpo que utilizo já não se presta mais a certas empreitadas, o que muito me limita a atuação. Aconselho que você e os demais observem bem a questão e, assim, também me considerem fora do espectro de atuação. Vocês já me tomaram tudo e não resta muito mais a ser acionado. Se a situação for efetivamente essa que você transmite, alguém deveria ter pensado melhor lá atrás. Que seja o que tive de ser!

Confesso que, durante alguns dias, permaneci surpreso com a "articulação mental" de Zeus, pois o imaginava ainda em situação pior nesses tempos atuais. Acho que "parei de apanhar" porque ele chegou à conclusão que, de fato, a minha condição humana precisava ser pacificada, mesmo porque, segundo o que ele pensa, o ser chamado "Indecifrável" estaria vinculado aos "movimentos" da minha Consciência, até Sophia ter condições de sustentar nele essa incumbência, sendo que essa transferência seria promovida ainda ao tempo desta minha vida.

Não sei, exatamente, quando Zeus, por se acreditar eterno, percebeu que ele não teria mais o tempo que imaginava dispor para resolver os problemas do Olimpo, e muito menos quando ele tomou a decisão de assumir a natureza humana como sendo a "base mental" dos seres do Olimpo e adjacências, no seu inadiável projeto de voltar a conviver – reabrindo o portal do Olimpo ou criando algo de novo nesse sentido – com este nosso universo.

O mais curioso de todo esse contexto mais recente é que ele já conseguiu construir dois portais vinculando o Olimpo à Terra, mas que não estão plenamente funcionais, posto que ainda não operam do modo como eles gostariam.

Como a estruturação desses dois portais ocorreu há pouco tempo, penso que eles ainda conservam certo receio de forçar o uso dos mesmos, o que tem levado os olimpianos a não tentarem vir de lá para cá. Por enquanto, eles apenas buscam usar esses portais para retirar daqui o que lhes possa interessar e, principalmente, para voltar a acompanhar, com mais objetividade, o que se passa com os humanos.

Sinceramente, não sei se considero esse painel mais uma estupidez do modo demo de pensar, e quando me repito no sentido de afirmar o meu cansaço, é porque não sei conviver com essas situações, nem quero – no entanto, sou obrigado a lidar diariamente com elas.

O fato é que Zeus e Prometeu estão convencidos, à moda demo, de que, lá na frente, eles vão esperar que este meu corpo morra para que, então, o Espírito que me anima, ou outro, possa produzir um alguém "apropriado" – ou que, pelo menos, ajude nesse processo – para ser um tipo de "guardião" de seu novo portal, discutindo providências com eles, depois da "reintegração cósmica" da Terra e de seus desdobramentos.

Eles gostariam de começar agora, nesta vida, a utilizar o meu concurso, mas isso não se dará, e não me é possível envolver quem quer seja nessa história, como foi o caso de Pandora e das obras que ela ainda desejava escrever após a publicação do livro *"O Sorriso de Pandora"*[4].

Desavisado e sem querer, terminei me aproximando desse portal quando, numa atividade profissional, a vida me levou à cidade de Alto Paraíso – conforme já mencionei –, e sentado num alpendre de uma edificação, esperando o almoço ser servido, encontrei-me apagado fisicamente, enquanto o meu "Eu" era irresistivelmente atraído, até mesmo "chupado" (sugado), e me vi atravessando um tipo de fenda curiosamente oblíqua (no sentido de inclinada) do nosso espaço-tempo. Logo escutei uma certa balbúrdia na medida em que os seres do outro lado se apavoraram (e eu também) com o fato de que haviam conseguido me levar até a dimensão deles.

Difícil saber quem era o lado mais surpreso e assustado daquela situação, ainda que não "abra mão" (dispense) da minha cota de estranhamento e mesmo de pânico por aquilo ter se dado nos moldes em que aconteceu. Acho que foi um acidente, ainda que forçado pelos do outro lado, que os deixou perplexos pelo "quase encontro da matéria do nosso universo e da antimatéria do de lá", evento que, a princípio, eles afirmaram, depois, não ter ocorrido, pois que somente o meu "Eu hospedado num corpo material" é que foi levado a atravessar o aparentemente intransponível. Tudo o que sei é que a sensação não foi agradável, ainda que eu ache que poderia ter sido muito pior!

A sensação que me restou foi a de que, mentalmente,

ocorreu um tipo de encontro cuja ressonância não é adequada nem para eles e muito menos para qualquer mortal. Mais uma vez, naqueles dias especialmente difíceis de serem suportados, preparei-me para deixar esta vida, mas, de modo estranho, continuei por aqui, ainda que aquele desconforto específico tenha me acompanhado por um tempo que não sei mais precisar.

Até estes momentos atuais, pergunto-me se aquilo não foi um ardil ou um truque que aqueles seres aplicaram à minha desavisada mente, uma vez que nós, os humanos, somos facilmente influenciáveis. Devido ao esgotamento, há tempos em que já nem luto mais para não ser enganado, então, não resisto, não brigo, mas também não me permito "levar a sério" (considerar importante) o que venha a ocorrer.

Sob a perspectiva espiritual, os mentores amigos confirmam o acontecido, elucidando que, gostemos ou não, esse contexto antigo voltará a se fazer cada mais presente na cultura do mundo dos terráqueos, o que implica entender que o que foi, de maneira irresponsável, tachado como "mitologia", terá, em breve e inexoravelmente, que ser considerado como real. Haja susto!

O que importa constatar – sendo passível de comprovação futura –, é que os seres que ainda habitam esse tipo de realidade paralela, na qual o Olimpo corresponde a apenas uma das muitas "moradas" específicas que a compõem, parecem ter evoluído drástica e tragicamente, levados pelos efeitos acumulados de um passado caótico, cujos efeitos, na atualidade, "pesam" (incomodam) sobre os mesmos.

Se isso for verdade, nós vamos ver, cada vez mais, situações estranhas começarem a acontecer, porque os demos estão se segurando, apenas esperando a via biológica da "reintegração cósmica" da Terra, ou seja, a vinda de *Sophia*, que é um ser biológico, para que os fatos profetizados relativos a eles, também venham a se consumar.

No livro *"Tzimtzum – o Exílio Forçado de Uma Divindade"*[5], expliquei que a vinda de **Malkuth** foi anunciada tanto para os humanos quanto para os seres extrafísicos, há cerca de 1800 anos, pelo trabalho do rabino **Shimon Bar Yochai**, o primeiro a receber das "Hostes Angelicais" de Caos (Javé), as informações sobre a manifestação dessa a 10ª *Sefirah* da **Cabala**[6]. Esse contexto da sua chegada quando num tempo em que cerca de 270 mundos – e o Olimpo é tão somente uma dessas 270 "moradas" – envolvidos com o experimento existencial dos humanos na Terra seriam esclarecidos, corresponde exatamente à vinda do Messias esperado pelos judeus ou, em outras palavras, à de *Sophia* (em grego) ou *Hochmah* (em hebraico).

O titã Prometeu, depois de terminado o castigo que lhe foi aplicado por Zeus, esclareceu todos esses assuntos a este último, em tempos mais recentes, e alguns processos, como a elaboração do presente livro, estão acontecendo devido à impensável parceria entre essas duas figuras. Agora, eles trabalham juntos, de modo que o poder de Zeus é usado para criar alguns eventos, e a capacidade de Prometeu se manifesta no sentido de interpretar e refletir sobre o que ambos estão promovendo para os que vivem no Olimpo.

Se houver uma evolução natural dos fatos e se eles, efetivamente, estão compreendendo – e eles dizem que, finalmente, entendem – que o universo paralelo em que vivem está, de maneira dramática, acenando com o seu final, e que tem muito mais questões "em jogo" (em andamento), é provável uma elevação no grau de conduta da parte deles para com os humanos. Contudo, infelizmente, faço questão de sair desta vida com o meu nível de confiança na natureza complicada desses seres, situado em patamar próximo ao zero!

O universo antimaterial deles está se destruindo, mas ao conhecimento humano ainda não é dado se referir a esse contexto com precisão, devido ao absoluto inusitado da questão.

No nosso universo, a noção que temos atualmente, é a de que os "buracos negros" do centro de cada galáxia, vão consumindo tudo ao redor, retendo, no seu misterioso circuito de "franjas" situado no âmbito do limite do horizonte do seu campo gravitacional, as informações produzidas em 3D pelos eventos do lado de cá. Deixando, agora, as observações científicas e especulando, essas informações seriam transmutadas em 2D e, depois, assimiladas por entes inteligentes do lado de lá.

Caso assim aconteça, tais seres corresponderiam aos habitantes demos do universo vizinho, cuja estruturação foi improvisada ao longo da "queda" do "Eu" do Criador, que se "reconstruiu" como Caos (Javé, Brahma, Alá, entre outros epítetos) – diferente do nosso *eon*, que foi planejado, num momento anterior ao do seu ocaso, e por isso não foi finalizado –, e os "buracos negros" de lá, constituiriam a sede corporal das próprias Consciências que arranjaram as suas "moradas". Como todos esses *genos* se desconstituirão, não temos como descrever o inenarrável sofrimento que está prestes a começar para eles.

Alguns poucos *genos* simplesmente se desfazem pelo "jogo" (ação) da entropia de lá, mas outros "retornam à sede mental" de onde as suas "informações estruturantes" surgiram, reforçando a velha tese, no campo da responsabilidade espiritual, de que tudo o que vai, volta para a fonte da qual emergiu.

Devido ao estágio evolutivo em que nos encontramos, penso mesmo que a atual "pílula azul" (referência à trilogia "*Matrix*"[7], sob o efeito da qual atualmente vivemos, apresenta, sim, seus aspectos positivos, ainda que o gozo dessa "doce ignorância" (ilusão) tenha dia e hora para acabar.

Nós, os humanos, somos capazes de realizar muitas proezas, porém não sabemos disso, porque o modo como pensamos a respeito de nós mesmos, é um modelo medíocre e simplório, produto do condicionamento a que todos fomos submetidos ao longo dos milênios.

A "marca" estúpida da narrativa falsa de um "pecado original", criminosamente imposto a um "rebanho humano" ingênuo e em lento processo de desenvolvimento de uma racionalidade "adulta" (responsável, ponderada, prudente), ainda se encontra estampada na testa dos desavisados terráqueos, viciados na crença em torno de deuses e de diabos, de favores divinos, recompensas e castigos eternos.

Encontramo-nos sendo "joguetes" (vítimas) disso, mas, curiosamente, acreditamos que tal contexto é uma dádiva de um "deus amoroso, justo e perfeito", que nos brindou com a "pérola" (suposta maravilha) da vida, prenhe de características estranhas, quer seja no campo da alimentação grosseira (consumo de "cadáveres-*gourmet*"), da sobrevivência a qualquer custo, ou da competição enlouquecida que a evolução impõe, sendo a mais pitoresca – novamente, a repito –, a de que somos "culpados por ter nascido"! A teologia[8] que estrutura esse tipo de crença, é o que de mais simplório existe, ainda que travestida de filosofia séria, com "cores" (destaque) de implicação sagrada.

Sancta simplicitas!

Mesmo não tendo os poderes mentais que os demos possuem, nós conseguimos poderes espirituais que eles não conquistaram, e nisso reside a diferenciação do tirocínio humano em relação às demais espécies surgidas antes da nossa, notadamente as deles.

Numa disputa mental com qualquer humano, eles ganham, mas "não levam" (não conseguem qualquer vantagem com isso), pois nenhuma espécie deste ou do outro universo, efetivamente, pega algo sem que o próprio sistema da vida, mais tarde, não venha a lhe cobrar. E isso ocorre não por existir um "deus justo", mas porque a maneira como os "códigos de vida" se entrelaçam em genomas pessoais e de espécies, foram emoldurados em torno da "correção da podridão ancestral" do "primeiro código" – o CFDP do Criador "caído" – que conseguiu se formar, sobrevivendo ao caos.

Os "Entes Primordiais" conhecidos como Morus, Ananque, Hypno, Tanatos, Momos e Nêmesis, e mais tarde, as três Moiras – descendentes de Morus –, uniram os "fios do destino" de modo que cada um se encontre, em tempos vindouros, com o resultado do que fez.

Os seres derivados de Nyx (Lakshmi, no hinduísmo) – os acima citados e outros mais – urdiram, levados por outros motivos, um "tipo de justiça" cujo aspecto trágico e pitoresco levou, nestes tempos atuais, os três "Senhores da Tríade Primordial" a se encontrarem com o efeito acumulado do que fizeram e com o que deixaram de fazer, posto que poderiam, em muito, ter evitado o efeito entrópico desconhecido que desconstituiu essa Tríade que se achava imortal.

Frente aos fatos, na atualidade, os mal-afamados deuses da Antiguidade não têm mais as duas alternativas, antes praticadas em relação aos humanos, como sempre eles pensaram, que eram a de nos matar ou a de nos dominar. Nenhuma das duas funciona mais para eles! A terceira e mais óbvia opção que agora percebem, é a da parceria com a humanidade, pela razão mais simples de todas: a de que eles precisam desesperadamente do nosso concurso vivo, proativo e "adulto" (esclarecido). Desse modo, eles teriam que conquistar a confiança dos humanos, mas isso, para eles, é impossível! Eles não têm como, pois a natureza psíquica que os marca não o permite, nem, muito menos, o fechamento das passagens entre estes dois universos os habilita a tanto, ainda que eles estejam conseguindo "dar novos passos" (avançar) no sentido de restabelecer algum tipo de portal com vistas à comunicação.

O emprego de ardis – que sempre caracterizou as atitudes desses seres –, entre eles mesmos e para com os humanos do passado, não terá mais lugar, pois, conforme já ressaltado, não promove os "louros reais" de uma vitória, a quem os aplica – trata-se tão somente de engodo para cada um dos lados da questão!

Nós, os humanos, fomos condicionados a nos encantar ou mesmo nos apavorar ao vermos entes esquecidos de que deveriam pedir licença antes de invadirem o nosso campo de visão ou algo que o valha, independente de serem Espíritos ou outro tipo de entidade!

Quando vamos à casa de alguém, é comum apertarmos a campainha ou darmos um jeito de avisar. De maneira estranha, esses seres se dão o direito de chegar aqui, na Terra, com o objetivo de abduzir seres humanos – nos casos mais comuns, no âmbito dos estudos ufológicos. E ainda há quem os endeuse!

Isso tem que mudar! Desgraçadamente, os humanos são levados a se ajoelhar e tocar o chão com as suas frontes, em sinal de respeito e de veneração, porque pensam que estão lidando com deuses!

Precisamos romper esse circuito de adoração! Basta disso! Tem que haver um pouco de respeito para com os humanos! Lá atrás, "venderam" (passaram) para nós, a ideia de que precisávamos deles para tudo, até mesmo para a nossa salvação, mas isso é narrativa falsa, repetida por tantos milênios, que se transformou em "verdade" para os atuais terráqueos. E infelizmente, entre esses, tem uma "turma arrebanhada", que adora tais histórias, sendo que, sem essas, não sabem nem mesmo viver!

9

COMPREENDENDO O IMPENSÁVEL

Como já referido, sempre existiram muitos "modos operacionais mentais" em curso, no âmbito desta Criação "caótica".

Muitos deuses sempre foram especialistas em promover guerras e cuidaram de gerar neles próprios uma maneira muito peculiar de administrar os seus próprios pensamentos e impulsos. Sem o "cheiro da guerra", do confronto, da aposta, do prazer frente ao fracasso alheio, eles não sabiam viver!

Os "algoritmos mentais" dos demos funcionaram por muito tempo em torno da guerra, até que os jogos olímpicos e as odes de Píndaro começaram a educar os seus psiquismos viciados em competições de todos os tipos. Ainda assim, alguns deles mantêm esse ritmo mental aluci-nado de existir, do mesmo jeito que alguns terráqueos o fazem.

O "modo operacional" humano é tão somente mais um dos módulos ou modelos de Consciência que existem por aí. No sentido de atender a necessidade de correção de rumos da Consciência desvirtuada do Criador, muitos modos atuais de Consciências existentes no Cosmos, são "descartáveis" (não atendem), sendo até irrelevantes. Entretanto, o módulo que se compôs a partir da junção de "sequências genéticas mentais" de Prometeu com as de Zeus, tem importância estratégica para Caos (Javé), pois o "Rei do Olimpo" é a última expansão do seu CFDP à "moda demo".

Qual era – e, de certa maneira, ainda é – o aspecto trágico do fato do DNA que emergiu a partir de Pandora, Deucalião e Pirra, já ser bem diferente do CFD de Zeus? A questão é que Caos somente conseguiu assimilar até o CFD de Zeus! Ele jamais esteve habilitado a absorver o de Pandora, de Pirra, de Heleno (filho de Pirra) e dos seus descendentes que deram origem aos quatro povos que vieram a compor a civilização grega!

Portanto, o progresso promovido pelo avanço da educação helênica no mundo, não foi apropriado pelo Criador "caído"! É provável que, por isso, a velha condição *Adhydaiva* do corpo de Caos veio a sucumbir, recentemente, posto que não pôde ostentar, em si, essas novas sequências genéticas que lhe serviriam como um tipo de "antídoto" aos efeitos gerados por ele mesmo, da cobrança que o reencontro com as repercussões das causas passadas provocou – finalmente, as consequências voltaram para o "Autor do Caos", conforme o programa estabelecido pelo efeito da "podridão ancestral" na Criação, medida por Morus.

De toda maneira, a sequência genética advinda de Zeus, permanece sendo a base sobre a qual, no futuro distante, os códigos progressistas provocados pelos povos helênicos – a saber, os jônios, os eólios, os aqueus e os dóricos –, e atualizados pela dedicação de certos grupos de humanos atuais, reencontrarão o "Eu" do Criador "caído" em alguma "esquina" (oportunidade) da Vida Universal.

Antes da extinção do Olimpo, portanto, a natureza olimpiana precisa ser exportada, devido a essa "importância estratégica" para Caos/Javé.

O fato do "Deus dos Deuses" e os seus pares quererem vir para cá, é porque o universo de lá se acabará antes do nosso, e eles precisam manter essa "natureza olimpiana" desperta. Várias micropartes do corpo de Caos, a ser "ressuscitado", estão acopladas na geração de Zeus e na sua descendência, e precisam ser, diretamente, ainda aperfeiçoadas pela "natureza olimpiana", e indiretamente, por ex-olimpianos cujos Espíritos estão vivendo, agora, na condição humana. Vejam o tamanho do problema: como eles não poderão mais viver lá, terão que continuar existindo aqui!

PARTE II

REMEMORAÇÃO NECESSÁRIA: CRÔNICAS DO PASSADO

O passado define quem somos! Portanto, faz-se necessário conhecê-lo, pois ignorá-lo, corresponde a nos mantermos indefinidamente esquecidos do que podemos vir a ser.

Essa constatação serve tanto para os supostos deuses quanto para os humanos desavisados em relação às suas potencialidades.

CAOS CRESCENTE

A VIDA SEGUIA o seu rumo imprevisível, com a sua sequência de momentos que sempre deixaram deuses e humanos inquietos em relação ao futuro que, invariavelmente, chegava, trazendo as inopinadas inovações, como também os reveses produzidos pelo acúmulo problemático das opções do passado.

Ali, na "morada" paralela ao mundo terreno e aonde residia a geração de entes vinculados à liderança do "Rei do Olimpo", mais "um dia daquele lugar" estava em curso, quando Apolo adentrou no "palácio dos deuses", no qual Zeus costumava se reunir com a elite que, com ele, governava os habitantes daquela vasta "morada" celestial, pertencente ao *"eon* antimaterial", se assim considerado em comparação com o dos humanos e dos demais habitantes do *"eon* biológico".

Naquele universo paralelo, surgido no mesmo "microinstante" em que o chamado *"Big Bang"* produzia, por meio da sua expansão, o universo – agora, cheio de galáxias, estrelas, planetas e satélites, e aonde vivem os seres biológicos –, muitas "moradas" como aquelas existiam e, normalmente, eram bem diferéntes de tudo o que se conhece sob a perspectiva da lógica terrena.

Cada uma delas era governada por seres que se consideravam poderosos, cujos corpos eram compostos de "antimatéria" e possuíam faculdades bastante diversas daquelas que marcavam a vida animalizada.

Apolo, que estava construindo a sua própria "morada", dela se apartou para poder se dirigir ao "céu" de Zeus, pois estava decidido a pedir a sua intervenção perante as inconsequentes posturas de Dionísio, um "ente" de **procedência incerta e incompreensível**, mas que gozava da "proteção" de seu pai, o que o irritava profundamente.

Até mesmo para a cultura demo-olimpiana, as notícias sobre os engendramentos dos novos deuses eram obscuras, mantidas em segredo, para que os opositores não fizessem uso dessas informações com o objetivo de identificar possíveis fraquezas dos "nascidos", provocando até mesmo o arrependimento dos progenitores, às vezes.

No caso da concepção de Dionísio, corriam muitas versões a respeito dela, mas saber mesmo, nem Zeus entendia direito o que estava "em jogo" (em andamento e em risco). Quando bem antes do surgimento de Dionísio, um outro demo conhecido como "Zagreu", emergiu para a vida trazendo a fama de que seria ele o principal ajudante e possível sucessor do "Rei do Olimpo" – mas não o "profetizado descendente" que faria com Zeus o mesmo que este havia feito com Cronos.

Segundo os olimpianos, Zeus teria se imposto sexualmente sobre Perséfone, antes dela se tornar a companheira de Hades, e daquela cruza, havia surgido um ser algo diferenciado para os padrões de então, que tinha o nome de Zagreu.

Sabendo dessa lenda, os titãs que, nessa época, faziam de tudo para atrapalhar qualquer interesse dos olimpianos, resolveram trucidar Zagreu, retalhando o seu corpo demo e espalhando suas partes em vários lugares. Furioso, Zeus teria se utilizado dos seus poderosos "raios" para "reduzir a cinzas" os titãs, juntando a essas uma ou outra parte do corpo morto de seu filho, criando uma "poção" que trazia em si o código da vida – o CFD – de Zagreu, agora misturado aos dos titãs então destruídos.

Em seguida, Zeus induziu uma mortal chamada Sêmele, a princesa de Tebas, a tomar essa "poção", e a engravidou, para a fúria de Hera, então sua "esposa oficial". Hera passou a perseguir, loucamente, o rebento nascido como um ser humano, ainda que seu corpo biológico tivesse 1/3 de parte animal e 2/3 fosse descendente de Zeus.

Assim, nasceu Dionísio, também com a fama de ser um possível sucessor de Zeus, que foi tratado como fêmea, por ordem e influência de Hera, ainda que tivesse corpo masculino, Dionísio trazia um "destrave mental" no seu psiquismo, que somente ele demonstrava ter no Olimpo, e muitos dos seus pares não gostavam desse enredo e da sua conduta, e Apolo, menos ainda.

Dionísio foi destrinchando, para a tênue e preguiçosa compreensão daqueles seres, as atitudes que passaram a existir desde o aparecimento da estirpe de Urano, e que **começaram a definir o "sexo-mental"** entre os demos, de modo a produzir alguns entes que não fossem simples "clonagem-mental" de um deles, mas sim, produto de, pelo menos, duas mentes, permitindo maior diversidade no contexto das próprias espécies.

Essas questões eram vistas com "bons olhos" por muitos, ainda que o refino daquelas posturas fosse uma das preocupações de Apolo, pois ele julgava Dionísio um protagonista de um tipo de mistura sucessiva de "códigos de vida" que ninguém sabia muito bem no que poderia dar.

Antes da estirpe de Urano, sequer as demais classes dos "entes ancestrais", cujos corpos eram "eletromagnetizados", possuíam qualquer definição no campo da "procriação mental por clonagem associada".

Fosse por impulso descontrolado ou mesmo por alguma atitude mental programada, **o ser que poderia surgir da "clonagem mental" dos "ancestrais", jamais era o produto desejado**, o que sempre dificultava a coexistência. E o pior: depois de "nascido", tornava-se tão "imortal" quanto o seu criador.

Dionísio apontou que algo de muito defeituoso sempre existiu nos modos de reprodução que algumas das diversas classes de demos conseguiram utilizar ao longo da "evolução" que os marcou. Ainda que essa reprodução tenha se dado de maneira bem diferente da que aconteceria no universo material biológico, o seu *modus operandi* funcionou até aqueles dias, quando a geração de Pirra, filha de Epimeteu e de Pandora, decidiu encerrar, a "médio prazo", a função reprodutiva dos demos, o que fez Zeus repensar a sua ordem de suspensão de reprodução. Essa atitude de Pirra "levou Apolo à loucura" (irritou-o), posto que tal decisão não caberia a ela nem a ninguém, a não ser a Zeus.

Eram seres conhecidos pela sua característica demo, ou seja, entes que, se observados numa avaliação superficial, devem ser entendidos no sentido grego de *"daimon"*, que sempre representou uma espécie intermediária entre os mortais e os considerados "grandes deuses-demos" – "ancestrais" abordados no que, na atualidade, é considerado, equivocadamente, como mitologia.

Em nenhum momento, *"daimon"* ("demônio") deve ser confundido com a acepção corrente praticada entre os católicos e os protestantes, dentre outros, que foram condicionados a pensar que esse antigo conceito se refere a um tipo de "gênio do mal", diabólico, este sim, inventado pela Igreja Católica como modo de atemorizar e dominar as mentes de seus fiéis.

É importante que seja ressaltado que, até por volta de dois mil e duzentos anos atrás, **os humanos compreendiam, naturalmente**, que existiam deuses bons e ruins, anjos bondosos e maldosos, demônios bem-intencionados e outros raivosos, do mesmo jeito que há seres humanos tendentes ao bem e à desagregação.

Naquela época, porém, algum humano "formador de opinião" resolveu definir que, a partir dali, os "anjo" seriam do bem, enquanto os "demos ou demônios" seriam do mal, e essa interpretação chegou à Idade Média, tendo a Igreja Católica demonizado os entes mitológicos, definitivamente, ao lhes dar o sentido teológico de "demônios do mal".

O papa Clemente V foi quem definiu, no século XIV, que o culto dos Templários à Baphomet[1], seria uma adoração a "satanás". Desde então, Baphomet ficou assim conhecido, ainda que esse deus pagão fosse considerado, nos tempos anteriores ao de Jesus, como o "Deus da Sabedoria". O "satanás", do qual os desavisados humanos "morrem de medo" (temem) na atualidade, corresponde exatamente a um "personagem inventado pela Igreja Católica".

Nos tempos idos, em que o crescente, porém discreto "jogo entrópico" (ação da entropia) – que estava em curso, tanto no universo antimaterial como no material – permitia, desde tempos imemoriais, que **os portais surgidos, em certo momento, entre os dois universos**, fossem utilizados por algumas classes de demos, estes saíam das suas "moradas" e interferiam e mesmo conviviam com os eventos que se desenrolavam na natureza dos mundos aonde havia vida biológica. Para a mentalidade deles, era como se acontecessem em "jardins com os animais biológicos", típicos de cada planeta.

Esse fluxo durou por muitas centenas de milhões anos para os demos que se adaptaram ao trânsito e à interação impensáveis entre matéria e antimatéria, até que o já referido "jogo entrópico" lacrou, em definitivo, os portais – no fuso terrestre, esse contexto correspondeu ao ano de 2012, aproximadamente –, e esses seres voltaram a ficar "prisioneiros" (retidos) nos seus *genos* originais e, portanto, impedidos de se intrometerem, de modo direto, no curso da vida das criaturas biológicas.

Na época em que o Olimpo – que era tão somente uma dentre as muitas "moradas antimateriais demos" que existiam – interferia não apenas no que se passava na Terra e em outros mundos biológicos, mas também em outros *genos* do universo vizinho, "rezava a lenda" (todos diziam que era verdade) daquela "cultura demo", cujos compêndios foram produzidos ao tempo da liderança de Zeus, que habitantes diversos de muitos outros "céus", tiveram as suas vidas interrompidas pelo alto nível de impasse neles construído ao longo do tempo.

O problema se devia às posturas pouco razoáveis dos seres ali congregados, o que teria levado o "Deus-criador" Caos – que se situava na hierarquia e na cultura demo em posição bem acima da de Zeus – a destruir aquelas "moradas", como maneira de obrigar os seus habitantes sobreviventes a se dispersarem ao serem acolhidos em outros *genos*.

Estranhamente, ao invés daquele tipo de atitude resolver os impasses, criava dificuldades ainda mais inquietantes e que somente eram percebidas muito tempo depois, o que permitia que tais atitudes de Caos fossem "aclamadas como divinas" por um bom período, até que se entendesse que "algo de muito errado" ainda estava acontecendo. Por isso mesmo, o seu **epíteto de "Caos" tinha a ver com a sua "lendária" (conhecida) incapacidade de administrar as diversas classes de seres surgidas desde o início da criação dos dois universos**, ambos oriundos do seu "equivocado Projeto Mental".

Na cultura demo, pelo menos a que se refere à época de Zeus, este era admirado como o único demo-deus que conseguiu ser aclamado pelos seus pares e que não se impôs sobre os demais, como fizeram Caos e outros tantos, em conflitos intermináveis.

REPRODUÇÃO DEMO COMPLICADA

No tempo em que Zeus se transformou no "Rei dos Deuses", tornou-se impossível programar, de modo satisfatório, o produto de um novo engendramento entre eles. "Controle era tudo" para um "pai-mãe demo", porque essa sempre foi a preocupação ancestral vinda de Caos: dominar tudo e todos à sua volta, notadamente, as novas gerações.

Zeus consultou os "demos pensadores", produtores de ideias e de projetos-soluções sobre esse impasse verificado no campo da reprodução dos olimpianos. Na época da constatação dessa dificuldade, costumavam ser Têmis, Prometeu e Epimeteu os que mais o aconselhavam, e, mais tarde – conforme já explicado –, Apolo, Hefestos e Atena passaram a compor o seu círculo mais íntimo nesse sentido, até que Prometeu e Epimeteu "caíram em desgraça" (perderam a posição favorável que tinham no Olimpo).

Essa falta de garantia quanto ao tipo de descendente que poderia surgir, jamais foi resolvida e, após o futuro fim do Olimpo e de todo o universo no qual os demos vivem – situação agora percebida, inevitavelmente –, a descendência da geração de Zeus não se organizará como tal, pois, até o momento, o que entendemos como "marcas da evolução demo", ainda não se fixou na condição existencial que ostentam.

A serventia dos "Doze do Olimpo" era referente a diversos aspectos da gestão, em especial nas questões políticas, mas o detalhe é que eles não possuíam nem possuem a criatividade e a ousadia necessárias para superar os desafios.

Dizia-se, naqueles tempos – e ainda agora se diz –, que os íntimos de Zeus geravam as soluções, e o "Conselho dos Doze" fingia que ordenava a implementação delas, pois quem mandava mesmo era e é Zeus.

Naquela época, irrompeu uma nova crise entre olimpianos e titãs. Um tipo de eugenia[1] estava sendo aplicada sobre todos, deixando claro quem poderia se reproduzir mentalmente sozinho ou com um parceiro, ou quem não poderia procriar em nenhuma situação. Além disso, o "Rei dos Deuses" ordenou que Hefestos "adaptasse" alguns demos do Olimpo para o sexo entre eles e com os humanos.

Logo Hefestos, que era o mais apaixonado dos deuses, mas sem nenhum sucesso sexual com Afrodite – ainda que fosse bem tratado por ela, que era, oficialmente, a sua consorte, assim determinado por Zeus –, recebeu essa incumbência de seu pai.

Ordem de Zeus era para ser cumprida, e Hefestos tal fazia de acordo com o que seu entendimento era capaz de apropriar e por um pequeníssimo espaço de tempo, pois logo ele se esquecia do que lhe fora encomendado. Ele começou, então, a "soltar os membros" dos deuses que já os traziam latentes em seus corpos demoníacos. Muitos se sentiram gratificados e outros tantos prejudicados, além dos que ficaram como eram antes – e para estes não houve mesmo nenhum tipo de solução.

O desconforto, porém, era geral, e não foram poucas as vezes que Zeus foi cobrado pelos seus pares em relação às questões relativas ao "sexo divino". Ele argumentava que cada um era livre para expressar as suas forças pessoais com vistas ao seu *telos* e de acordo com seu próprio tirocínio, caso o tivesse.

Dentre todos, Dionísio foi um dos que mais se "soltou" na vazão dos seus desejos, e muitos eram os comentários sobre as suas andanças e avenças (uniões) que praticava por onde passava.

Certa feita, numa reunião no Olimpo, Apolo lhe disse, na presença dos demais:

— Não lhe cabia proceder com exagero numa situação na qual a simplicidade nos convida a sermos prudentes. Como de resto, essa sua atitude provocou entre os titãs, afeitos ao controle de Zeus, uma grande inquietação, e entre nós mesmos, uma profunda crise. O que dizer agora aos "enesmados"[2]? O que devemos lhes dizer? Que eles são entes como nós ou engendrados para o sexo sem procriação?

— Isso é problema de Zeus! – rebateu Dionísio. — Pelas nossas leis, cabe a ele resolver o imponderável. Por obrigação, não tenho que atinar com a consequência do que pode acontecer, mas tão somente descobrir o que precisa ser descortinado pela nossa estirpe. E o que deduzi, é que Caos e Eros nos enganaram e também a todos os que nos antecederam! Fomos criados como seus instrumentos, para nunca sabermos disso, porém, de modo estranho, Zeus e sua ampla descendência, e aqui me refiro, principalmente, **aos filhos e filhas que ele teve com mulheres animalizadas, começaram a embaralhar os códigos genéticos dos CFDs que**

nos definem. Convivendo com os humanos, percebi que os "enesmados" representam o que ocorre entre os primeiros, no que se refere à preferência por parceiros do mesmo sexo. Constatei que essa tessitura nada mais é do que reação a duas classes de inadequações que passaram a existir nesses seres, a saber, a não identificação com o tipo de corpo com o qual se nasce e a opção por não procriar por meio desse modo inconsciente de dar continuidade a esse "plano incompreensível e intolerável" de gerar vida, implementado pelos dois "Maiores", Tártar e Eros.

Zeus, que estava em silêncio até então, resolveu interferir:

— Temos que reconhecer que os humanos são mais sagazes que nós e que precisamos deles para resolver muitos dos nossos problemas. Desconfio que, do mesmo jeito que fomos gerados para solucionar as falhas dos nossos progenitores, mas deles nos libertamos, os humanos, do modo como eles são agora, surgidos meio que por acidente, pois jamais intentei criá-los assim, também nos servem a muitos propósitos, e com surpresa é que fui descobrindo esse aspecto. A questão é que não podemos perder o controle sobre eles, sob pena de suceder conosco o mesmo que fizemos com os titãs, ou ainda pior.

— Contudo, Zeus, os "Enes", ou seja, os tais "enesmados", **descendentes improváveis de Hermafrodita**, apresentam um temperamento difícil e cada vez mais se movem no sentido de apoiar os chamados "exageros de Dionísio", e estão se relacionando, indistintamente, com os humanos, sem que se saiba o que tais práticas gerarão de novos aborrecimentos para você ter que resolver – argumentou Apolo.

— Não os resolverei! – decidiu Zeus. — Que cada um se assuma como acha que deve ser! Somente me importa aquilo que interessa aos nossos objetivos comuns! Ora, que tenho a ver com o que cada um é? Somente me envolvi com a questão dos membros sexuais, mas sobre o que cada um quiser ser ou achar que é, esse tipo de questão não me diz respeito! Não fui eu quem criou a natureza do mundo aonde vivem os humanos. Não fomos nós, os desta geração, pois quando surgimos, a natureza terrestre já existia. E os titãs, bem mais antigos, tampouco o fizeram, pois parecem ter sido modelados pelas mesmas forças que a geraram. O curioso é que nem mesmo os "Deuses Primordiais" parecem saber, pois, certa ocasião, perguntei ao Criador Primevo quem havia delineado as "marcas genéticas" do mundo em que os humanos emergiram, e Caos afirmou ter sido ele próprio que o fizera, mas quando lhe indaguei "como", ele disse que havia emanado dele, do seu código pessoal e, afinal, não soube me explicar de que maneira foram produzidas.

— Por fim, Caos me orientou que procurasse Eros, pois ele saberia me explicar melhor sobre essa questão – continuou o "Rei do Olimpo". — Posto que Eros me informou que ele foi o feitor da natureza terrestre, aspecto que Caos não gostou, resolvi, então, deixar o assunto esquecido. O que importa isso, agora? O *telos* de cada um desses "Deuses Primordiais" está decadente, e eles não podem mesmo justificar essa fraqueza, ainda que queiram sempre parecer fortes! Desde que não me aborreçam, que sejam eles também o que desejarem! Isso não modifica nada para nós!

Em outros dias, quando tomado pela fúria, Zeus mandou fazer uma contagem dos humanos com o objetivo de destruí-los, uma vez que sua paciência havia se esgotado com tantas confusões que seus pares traziam da convivência com os terráqueos, para ele resolver.

Apolo pediu prudência, pois percebeu nos humanos

uma postura mental única, jamais antes vislumbrada pelos deuses, e capaz de ser útil a eles em algum momento do futuro. Zeus esbravejava e lhe ordenava, então, que ele explicasse o motivo de tantos novos tipos de problemas estivessem surgindo e o porquê dos mesmos. Entretanto, nem Apolo nem ninguém dentre os seres do Olimpo e alhures, sabia conceituar o que era humano. Afinal, eles não compreendiam muitas das atitudes humanas.

Os seres com "feição demo", que habitavam e ainda residem no universo antimaterial, composto por incontáveis "moradas" – num contexto cuja concepção difere completamente do universo biológico, que lhe era e é adjacente –, realmente padeciam de uma certa dose de "demência", se para tanto usarmos a lógica que, na atualidade, marca o psiquismo da espécie mais recente da História Universal, a humana, conforme é tida nos anais da cultura demo comandada por Zeus.

Apolo era um dos poucos que sabia que algo de estranho existia no modo de pensar que os definia, quando ele comparava o seu próprio jeito de ser com o dos humanos.

Nas suas reflexões, quando a comparação era em relação a seus ancestrais, ele e os demais seres que compunham a aristocracia em torno de Zeus, pareciam ser entes refinados. No entanto, quanto mais ele observava o modo de pensar dos humanos, percebia claramente que os mesmos possuíam um tipo de lucidez que neles inexistia.

Tentando organizar a sua mente que, "de tantas voltas que dava" (executava várias tentativas), deixava-o perturbado, sem lhe permitir ponderar sobre possíveis conclusões, ficando sempre "soltos os fios" (sem chegar a nenhuma constatação) dos seus pensamentos, Apolo se perguntava:

"Por que precisava ser desse modo? Por que eles tinham tanta dificuldade na arte do pensamento? Que tipo de 'doença' era aquela? Por que alguns a percebiam e lidavam com o problema de maneira consciente, enquanto outros, além de não a notarem, ainda se achavam grandiosos em demasia, devido aos poderes mentais que possuíam? Por que eles surgiram assim, para a vida? E esses conflitos intermináveis que Zeus, apesar das suas limitações, é o único que parece ter o respeito de todos nas artes (providências) envolvidas para resolvê-los? Por que a sua geração, apesar de situada na vanguarda da evolução dos demos, parece perder o controle sobre questões simples, como as referentes aos animais humanos recém-surgidos? Eles eram dóceis, mas quando cismados, rebelavam-se facilmente. E Dionísio, com suas loucuras, somente está piorando tudo para o nosso lado."

Noutra oportunidade, intimamente decidido a pedir ao "Rei do Olimpo" que convocasse, imediatamente, Dionísio à sua presença, Apolo o procurou e se surpreendeu ao perceber que, dentre os que rodeavam Zeus numa conversa, estava exatamente aquele contra quem pretendia fazer uma grave acusação.

Após saudar os presentes, Apolo se dirigiu a Zeus dizendo:

— Sou portador de uma acusação que preciso fazer a Dionísio, aqui presente, cujas loucuras inconsequentes, agora demarcaram um limite que não deixarei que seja ultrapassado, tendo em vista as consequências delas advindas. Não o permitirei! Basta de tanta bobagem vinda de um ser que age feito uma besta, a cada passo que dá na sua vida deplorável!

Os demais entes ali presentes se entreolharam e começaram a fazer menção de se retirarem do local, porém o próprio Apolo tornou a se expressar:

— Invoco o meu direito de ter esse debate. Minha intenção é que ele produza um "juízo divino" a ser presenciado por quem o destino houve por bem, fazer com que estivessem aqui neste exato momento.

— Ora, Apolo, não transformemos uma conversa com vistas à resolução dos problemas que sempre acontecem entre nós, em processo passível de penalidade – ponderou Zeus. — Não vamos....

— Eu exijo! – tornou a dizer Apolo, interrompendo Zeus, enquanto este o fixava, agora algo furioso. — É meu direito, declarado por você mesmo, na nossa convenção.

— Quem decide, o que, quando e como os problemas do meu reino são resolvidos sou eu e não você, nem muito menos ninguém daqui – advertiu o "Rei do Olimpo". — Seja breve para que não imponha sobre você, o que desconfio que deseja que eu faça com Dionísio. O que o incomoda tanto?

— Dionísio tem passado certas informações aos humanos pensantes, o que não deveria fazer – reclamou Apolo. — Ele fala, fala, fala, e quanto mais diz, mais problemas cria para nós outros, pois somos obrigados a explicar o que sequer sabemos dizer a nós mesmos. **Não tenho como dar sustentação aos oráculos, desse modo!** Tive que proibir alguns temas de serem tratados nos templos, pois melhor é deixar os humanos agirem como desejarem, do mesmo jeito que também o fazemos. Contudo, Dionísio deve se calar! Quando um de nós tem acesso a uma novidade, precisamos de muito tempo para usufruir dos seus desdobramentos. Os humanos, não! **Jamais compreenderei o que Pandora e Epimeteu fizeram com eles próprios e com os humanos!** No entanto, o que sei é que estes últimos, quando lidam com um assunto novo, quase que **imediatamente, eles avançam no tema como se fossem mestres.** Qualquer um dentre os humanos despertos dá esses passos. Claro que os instintivos não, mas os pensantes, esses evoluem rapidamente na nova abordagem.

— Não foi Pandora nem Epimeteu quem fez evoluir os humanos, mas sim, Prometeu – contestou Zeus, olhando para Apolo. — Ele me pagará... Não deveria confiar nele, mas precisamos dos seus pensamentos, pois não os temos na medida em que ele tem. Só ele consegue analisar certas questões e nos ajudar a resolvê-las. Ah! Maldita situação esta, em que me encontro, na qual os nossos poderes não mais conseguem resolver os desafios que aparecem! Precisamos de raciocínio e de análise e, em vez de gerarmos isso em nós, um mero bando de animais lá da Terra é que vem sendo privilegiada pelo curso dos fatos, ficando cada vez mais sagazes. Defendo a ideia de trazermos alguns deles para viverem conosco, pois diminuiriam a dependência que temos dos nossos ancestrais, que cada vez menos conseguem pensar. Não me incomodo com o que Dionísio diz ou deixa de dizer para eles!

— Você não sabe o que está dizendo porque não consegue vislumbrar o desdobramento dos fatos, pois não somos eficientes nesse mister – argumentou Apolo. — Você não tem conhecimento do que diz, Zeus! Se não detiver Dionísio, ele continuará a falar tudo que sabe para os humanos e fará deles os donos das suas inquietações para, depois, retirar a ponderação que disso poderá surgir. Precisamos usar os humanos como portadores dos nossos problemas, de modo que eles os resolvam, mas **não devemos dar para eles a liberdade de nos tratarem de igual para igual, e**

é essa a tolice que Dionísio, quando se encontra calmo, está defendendo.

Zeus se voltou na direção de Dionísio, agigantando-se em fúria e em descontrole repentinos, enquanto bradava de um jeito que todos silenciaram perante a sua vibração:

— Você está louco, Dionísio? Não o gerei para isso... Não é permitido a nenhum de nós se fazer igual a eles, pois somente a nossa força de domínio nos protegerá de um futuro impensável. Proíbo-o de dar qualquer liberdade aos humanos!

— Já é tarde, "Rei de todos os quadrantes da vida", pois Dionísio nunca se preocupou com esse aspecto e, de todos nós, é o único que se compraz em interações igualitárias com os humanos e as demais espécies do Olimpo, seja aqui ou mesmo quando descem e se metem entre os humanos – relatou Apolo. — Sua ordem nunca foi cumprida e não será agora que isso se dará. Avisei-lhe por diversas vezes, mas você não me deu atenção. Você tem que prender Dionísio e suas doentias companhias, que desonram o Olimpo.

Zeus expulsou todos da sua frente e se retirou para melhor organizar os pensamentos.

As intrigas e discussões no Olimpo jamais cessavam, e aquela, em especial, vinha se desenrolando **desde o tempo em que Pandora deixara de ser um ente demo**, passando por uma transição de fase que Zeus e os olimpianos procuravam entender a todo custo e ainda não haviam conseguido. Zeus havia encomendado um tipo de ser e saiu outro absolutamente fora dos seus ditames e intenções originais.

O estranho fenômeno se dera **há mais de 40 mil anos** do tempo contado à moda dos humanos, e mesmo os demos acostumados às **metamorfoses criativas**, não compreendiam como Pandora havia fixado a sua "Consciência particularizada" numa expressão humana que parecia ser definitiva.

Não era aquilo o que Zeus queria, quando dela se utilizou com a intenção de punir Prometeu, por meio do seu descuidado irmão Epimeteu.

Como se apartada, em definitivo, de qualquer convivência com Zeus e alguns seres do Olimpo, Pandora, feita agora humana, parecia alguém permanentemente escondido, e de quem não se tinha notícias.

Sabia-se da sua descendência que nascera de Pirra, sua filha demo, engendrada mentalmente com Epimeteu, como também da notícia mal explicada de que ela, depois da "transição de fase de demo para *Homo*", tivera uma quantidade incerta de filhos após se relacionar, sexualmente, com diversos parceiros humanos. Assim, tudo era nebuloso em relação a ela, pelo menos para o "Deus dos Deuses" e a elite olimpiana.

Ainda mais obscura se encontrava a situação reprodutiva das duas últimas estirpes demoníacas (titãs e olimpianos), apresentando problemas situados fora do alcance do entendimento de todos e, em especial de Zeus.

Quando era informado de que teria que lidar com esse tema ou decidir alguma questão de intriga que sempre ocorria em torno das paixões e relações comuns ao padrão cultural do Olimpo, Zeus parecia que explodiria em fúria antes mesmo de saber do que se tratava.

Quanto a Dionísio, ele nunca deixou de fazer o que o seu "coração-demo" lhe "pedia", pouco se importando se os demais gostavam ou não das suas atitudes.

Dias difíceis, aqueles!

CONTROLE DO "CÓDIGO-FONTE DEFINIDOR PESSOAL" DOS DEMOS E DOS HUMANOS

O QUE ESTAVA por trás das leis de Zeus quanto à conduta reprodutiva dos demais demos, tinha a ver com o preocupante controle do CFD (código-fonte definidor de vida) pessoal de cada um daqueles seres. Esse tipo de código – que, ao ser transferido para o nosso universo biológico, assumiu-se como sendo a forma e a função do DNA, no caso da Terra, por exemplo – definia, como se impondo uma destinação imutável, a vida de cada ente. O problema é que isso lhes pesava e ainda é tido como um tipo de destino impossível de ser modificado. Para espanto geral da cultura demo, eles observavam que parecia existir uma rotina diferente para os seres humanos, que permitia improvisações e modificações de rumo!

Sob a perspectiva de Zeus, os deuses eram obedientes ao destino, mas os humanos não! Isso o enfurecia de tal maneira que costumava concordar com todas as artimanhas que pudessem ser empregadas em torno da vida de um humano, somente para atrapalhar a sua aparente sina.

Esse aspecto da interação desses seres com a humanidade era tão singular e tristemente criminoso que, na cultura dos gregos, era comum estes últimos aconselharem a que as pessoas escondessem a felicidade porventura sentida, de modo a não "despertar a inveja" dos deuses! E assim, muitos procediam.

Apolo, em alguns momentos, Zeus, por outras questões, e Ares, quase sempre, ficavam tão malucos com essa história de humanos nascendo a todo momento e não mais obedecendo a eles, que não foram poucas as vezes que os dois últimos ficaram possuídos pela determinação mental de "dar um basta" (acabar com) à presença do *Homo sapiens* no planeta.

Antes de Pandora surgir como humana, os "animais de estimação" (humanos ancestrais) dos deuses eram dóceis. Quando, porém, ela se assumiu como humana e mulher, a desobediência ficou racionalmente estabelecida no *Homo sapiens*, e por isso, Zeus mandou matar vários humanos, em muitos momentos, o que Ares executava com mórbido prazer.

Apolo costumava ser o "deus" que, nessas ocasiões, chegava para Zeus e dizia:

— Devagar, devagar, porque não sabemos sobre o porvir e não controlamos o nosso futuro! Observe, ó Zeus, que os humanos, há cem mil anos, eram tolos, mas passaram a ser sagazes há cinquenta mil anos, e por mais que sejam destruídos ou vivam pouco, eles se renovam e ressurgem ainda mais espertos.

— Quem será que os financia? – questionou o "Rei do Olimpo", certa vez.

— Você afirma tê-los criado! – argumentou Apolo.

— Sim, sim, mas não desse jeito – protestou Zeus. — Não fui eu! Ordenei a **Kalil**[1] que a ela fosse dado *Kadmon*[2], e encarreguei Hefestos e Atena quanto à produção do "belo infortúnio" com o qual presenteei aos irmãos Prometeu e Epimeteu, posto que me desobedeceram ao levar adiante a mania deles de ver, na espécie humana, uma etapa misteriosa do avanço da vida. Esses irmãos titãs ensinaram aos humanos sobre muitos temas, porém eu não gostei ao observar esses animais se deleitando com o "uso do fogo" (utilização da racionalidade), além do que falavam a meu respeito. Transformando-se em Pandora, Kalil se tornou humana e "fez coro" (colaborou) com Prometeu nas críticas aos poderes estabelecidos. Isso é inaceitável! Eu os criei de um modo, mas, misteriosamente, saíram de outro, e isso parece não ter fim. Ou os controlamos ou teremos que destruí-los!

— Acho que não conseguiremos nem dominá-los nem acabar com eles, mas vamos tentar! – comentou Apolo.

— Você a tem visto? – perguntou Zeus.

— Quem? – quis saber Apolo.

— Pandora, a que me traiu! – esclareceu seu pai.

— Não, e não concordo com essa sua ideia de que ela o tenha traído! – ponderou o filho de Zeus. — O que eu acho mesmo é que você não explicou direito o que desejava em relação a Kalil, além de pensar que Hefestos o entendeu naquela ocasião, quando o fato é que ele vive no "mundo das brumas" (perdido) dos seus próprios pensamentos. É voz corrente entre nós que nenhuma das encomendas feitas por qualquer um por aqui a Hefestos, jamais saiu de uma maneira que gostaríamos. Você mesmo já reclamou diversas vezes quanto a isso.

— E eu vou encomendar esse tipo de serviço a quem? – protestou Zeus. — Ora! Ainda bem que os mais velhos são ainda mais "dementes" do que os da minha geração, senão estaria tudo perdido para nós!

— Não entendo o que esse discutível contexto de "demência", ao qual Prometeu e Têmis sempre se referem, tem a ver com o que estávamos falando – comentou Apolo.

Zeus olhou para Apolo com uma expressão pesarosa, e observou:

— Talvez sejamos mesmos algo perturbados quando encadeamos os nossos pensamentos...

— O problema está no jeito como você se expressa, pretendendo se comunicar com Hefestos... – insistiu Apolo.

— Saia já daqui, Apolo! – ordenou Zeus. — Basta!

E, assim, eram finalizados os assuntos entre aqueles seres, sem que houvesse uma conclusão sensata a respeito de qualquer painel da vida. Como tinha que decidir, Zeus optava por alguma alternativa de ação, mas nunca teve "boa margem" (quantidade considerável) de acerto e mesmo de certeza quanto ao que estava decretando.

Apolo, porém, era um dos que não dava trégua a Zeus e, após um certo tempo, ao ser convocado por ele, tratou de novamente tagarelar sobre os humanos.

— Chamou-me? – perguntou Apolo.

— Sim, a você e a Ares – informou o "Rei dos Deuses". — Aonde ele está?

— Como saber aonde se encontra o mais perverso dos seres do Olimpo? – retrucou o filho. — Gosto de Ares, mas não aprovo nada do que ele faz. Portanto, não me peça para agir ao seu lado em nenhuma situação. O que você deseja de nós?

— Quero que acabem com a espécie dos humanos e até

mesmo com Pandora e toda a sua descendência! – explicou Zeus.

— De novo, a mesma história? – reclamou Apolo. — Será que essa sua inclinação não vai ter um fim? Esqueça aqueles animais e vamos viver a nossa vida! Quando vou visitá-los, mal os suporto. Somente no extremo norte do planeta, os que por lá vivem, possuem padrão de conduta aceitável, O resto, não os quero ver, mas destruí-los, não o podemos fazer. Desista disso! Cada vez que você decide algo parecido, nada dá certo, e, depois, ainda fica choramingando pelos cantos, arrependido do que ordenou!

— Eu não choramingo nada! – protestou o pai. — Por acaso, sou eu um humano para me comportar dessa maneira?

— Choraminga, sim, e todos comentam essa sua vinculação de amor e de ódio por Prometeu e Epimeteu, relação essa que você estendeu à espécie humana desde que Pandora surgiu por ordem sua – falou Apolo.

— Não me lembre mais desse assunto! – pediu Zeus. — Fiz o melhor que podia, mas Hefestos, Atena e vocês atuaram do pior modo dentre as opções que poderiam escolher. Vocês transformaram Pandora naquela que possui tudo o que nós temos de melhor, disponibilizando o despertar de um tipo de racionalidade nos humanos o qual almejamos para nós mesmos, mas que nunca conseguimos obter. Vejam o que vocês fizeram!

— Por determinação sua! – observou o filho.

— Não foi essa a minha ordem! – defendeu-se Zeus.

Ares adentrou o ambiente cheio de furor e de cansaço, pois viera de uma matança de certos tipos de animais para fins de sacrifício e outros lazeres entre os deuses.

— Chegou o "sempre manchado de sangue"! – comentou Apolo.

— Para a sua sorte, você não o tem, pois se fosse o caso, já estaria sim, marcado nas minhas vestes – ameaçou Ares.

— Parem, vocês dois! – ordenou o "Rei do Olimpo". — Ai de mim!

— Já começou a choramingar... – criticou Apolo.

— Cale-se! – vociferou Zeus, dirigindo-se a Apolo.

— Fora daqui, os dois! – disse Zeus para os dois filhos.

— Como assim? – protestou o "Deus da Guerra". — Acabei de chegar e, além disso, fui chamado para vir aqui! Como irei embora sem saber a razão dessa convocação?

— Ele quer que matemos os humanos! – explicou Apolo ao irmão.

— Novamente, Zeus...? – principiou a dizer Ares.

— Fora daqui! – tornou a ordenar o pai. — Já não o disse?

— Vamos nos acalmar e conversar ponderadamente! – sugeriu Ares.

— Acalmados logo por Ares! – comentou Apolo. — O Olimpo está mesmo perdido!

Até mesmo Zeus disfarçou uma careta parecida com o sorriso que Pandora havia inventado entre os humanos – e que virara moda entre os demos, ainda que não estivessem totalmente habilitados naquela arte (aptidão) –, ao perceber a fina ironia de Apolo, o que nem sempre o seu grau de "demência" lhe permitia notar, e disso se aproveitara Prometeu para provocá-lo em inúmeras oportunidades. Contudo, estando Prometeu, naquela época, preso numa montanha do Cáucaso por ordem de Zeus, sendo humilhado diariamente por um "pássaro-demo" que lhe bicava o corpo, aquilo não era uma boa lembrança para nenhum dos dois.

Pitorescamente, Zeus sentia falta de Prometeu ao seu lado, para que esse o aconselhasse em questões mais complexas.

— Ares tem razão! – apoiou Zeus. — Vamos nos acalmar e encontrar um jeito de resolvermos a avalanche de problemas que os humanos estão criando. Até mesmo os "Entes Primordiais" querem falar comigo sobre os humanos. Ah, estirpe maldita!

— Escute-me, ó Zeus! – falou Ares. — Não gosto nem um pouco de concordar com Apolo, mas ele está certo nas posturas que vem defendendo em relação aos humanos, há muito tempo. Precisamos atinar com uma maneira de controlá-los, pois não temos como destruí-los, ainda que seja prazeroso pisar na arrogância de alguns deles. A questão é que Prometeu e seu irmão conheciam as "fórmulas" (composições das "poções trabalhadas", que interferiam na genética) que aplicaram em cada corpo humano, porém o que eles nunca conseguiram fazer, foi encontrar resultados inteligíveis em relação às modificações obtidas nos seus respectivos códigos corporais. No entanto, eles selecionaram vários desses códigos e, talvez, ainda os tenham. Deveríamos nos apropriar deles, definitivamente, e dar início a um mapeamento geral dos mesmos, visando controlar os movimentos das suas vidas. Lembrem-se que os humanos podem funcionar como uma manada de elefantes ou mesmo de bovinos, pois vão para onde o seu líder os levar. Somente precisamos distinguir e controlar as suas lideranças.

— Muito bem pensado, ó Ares – elogiou o "Rei dos Deuses". — Você fez bom uso do pensamento! Vocês dois são meus filhos, portanto, unam-se nessa tarefa! Apolo, controle os oráculos e tudo ao seu redor! Ares, tome para si os códigos e as "fórmulas" de Epimeteu e de Prometeu e convoque mais quem lhe aprouver para a tarefa de monitorar os "rebanhos humanos"! Finalmente, estou satisfeito! Os humanos poderão, sim, ser úteis aos nossos propósitos futuros! A força invisível que os gerou assim, que os protege e os financia, associar-se-á conosco por agirmos na mesma direção. Vou comunicar aos demais a minha decisão. Chamem Hermes!

— Não na presença de Apolo, ó Zeus, não faça isso – recomendou o "Deus da Guerra". — Deixe Apolo seguir antes.

Sem mais delongas, Apolo sinalizou concordância com um aceno da sua cabeça e se direcionou no rumo da sua antiga tarefa oracular.

— Por que isso? – perguntou Zeus.

— Hermes está furioso com Apolo por ele estar envolvido em carícias com o seu filho Hermafrodito – esclareceu Ares. — Aliás, esse seu neto, ó Zeus, herdou de você uma amplitude de interesses afetivos de tal monta que nem mesmo na sua dupla posição de macho e de fêmea, ele consegue dar vazão à tamanha ansiedade. Estamos pensando em controlar o código e a "fórmula" da vida dos humanos, mas cuide você de vigiar o seu, ó rei de todos nós, pois esses ramos da sua descuidada descendência ainda gerarão mais problemas do que os humanos.

— Ai de mim! – lamentou-se o "Rei do Olimpo". — Ai de mim!

Esse tem sido um dos grandes problemas de Zeus quanto ao controle do código-fonte definidor pessoal dos demos, como também, desde que os humanos surgiram, do DNA pessoal destes últimos.

Houve um certo momento na história dos titãs e dos olimpianos, em que o "Rei dos Deuses", ao perceber que o CFD deles estava "infectado", obrigou a que todos tomassem uma certa "poção" feita por Epimeteu, um tipo de "vacinação pública" que deu, loucamente, no que falar. Todos do Olimpo ou da "Confederação de *genos*" sob o poder de Zeus, tinham que beber daquela "beberagem", e isso foi nos tempos em que Pandora ainda não existia sob a forma humana feminina.

Foi após essa confusa situação, que ficou determinado quem podia engendrar sozinho e quem poderia engendrar com outro. Até então, não havia sexo entre eles, nos termos em que atualmente conhecemos, ainda que os órgãos sexuais já se encontrassem presentes em alguns.

Uma vez que sabiam que os animais da Terra, há muito, copulavam, eles estavam tentando aprender a fazer o mesmo. No entanto, somente quando os humanos surgiram e sofisticaram esses procedimentos, vivenciando de modo mais complexo os desdobramentos de relacionamentos daquele tipo, foi que a turma de Zeus praticamente "enlouqueceu" (entusiasmaram-se intensamente) frente ao contexto que observavam!

"Inveja" seria muito pouco para dizer do que se passava na mente dos seres do universo vizinho, ao verem tanto prazer e coreografias diversas em torno do assunto!

Naqueles tempos, posto que Zeus ainda não controlava quem nascia, apenas estava emergindo para a vida entes estranhos e monstros, como se regredindo aos primórdios da Criação, quando braços, pernas e cabeças pululavam como sendo a marca dos seres mais poderosos! Essa questão que parecia estar superada há tanto tempo, efetivamente, não era bem assim, pois os antigos traços genéticos persistiam em aparecer nas gerações mais novas, o que muito constrangia o "Rei dos Deuses" quanto à sua genética. Afinal, sua linhagem deveria prevalecer sobre as marcas daquele passado "falido" (desastroso)!

Além do que, todas as bestas, filhas dos primeiros poderes do "caos inicial" – ou seja, os seres clonados, principalmente os produzidos pelos deuses Caos e Tártar – tinham que ser destruídos, e isso era tarefa comum ao *telos* de Zeus, por mais que essa destinação o contrariasse.

Repetidas vezes, Zeus pensava, em voz alta:

"Por que eu tenho que administrar os monstros produzidos pelos 'Deuses Primordiais' e pelos titãs, os quais não se consegue matar facilmente? E ainda, meus irmãos de geração, inventaram também de criar os seus "bichos de estimação", cada um mais monstruoso que o outro, e me pergunto aonde isso vai parar? Que convergência é essa, se me sobra resolver o final dessas confusões? Basta!"

Por essas e outras, muitos pensavam que a "beberagem" que cada habitante da sua "confederação de mundos" foi obrigado a sorver na frente de Zeus ou na de um emissário seu, destinava-se a promover a esterilização dos seres mais velhos. Eles ainda se perguntavam se alguém seria capaz de obrigar os entes mais monstruosos como, por exemplo, o Kraken, a cumprirem essa ordem. Havia também o fato de ninguém ter visto o "Rei do Olimpo" e muitos dos seus prediletos tomarem a tal "poção".

À sua maneira, Zeus tentava agir com decência – ainda que esse atributo somente tenha surgido com as atitudes do psiquismo humano –, mas nem sempre conseguia.

O "Deus dos Deuses" jamais deixou de estudar o código-fonte definidor pessoal de cada ser do Olimpo, visando descobrir o que estava por trás desse problema da reprodução deles – o que, até agora, por sinal, permanece desconhecido!

Devido a essas questões da sua gestão, Zeus costuma afirmar não ter tido sequer "um dia de folga", alívio que até os humanos conseguem!

13

ALGUNS LÁ, OUTROS CÁ!

Eles não sabiam! Os demos, mesmo nos registros mitológicos, confessaram desconhecer o porquê da existência. Além de não estarem cientes da "causa do mistério da vida", também não tinham a capacidade de elaborar as perguntas filosóficas que os humanos mais atentos costumam se fazer.

Quem sou eu? Qual o sentido da minha existência? Qual a função da vida? Simplesmente, eles não articulavam esse tipo de questionamento. Em contrapartida, qualquer um dentre os espécimes humanos, consegue perguntar sobre tudo o que lhe passar na mente.

Prometeu e Têmis foram os primeiros deuses a atinar com dúvidas parecidas, em tempos mais recentes.

Até agora, no Olimpo, essa diferença entre demos e humanos é tema de pesquisa e de entendimento estruturado, pois eles também começaram a se questionar a respeito do motivo de alguns deles, após morrerem, encontrarem-se vivendo, atualmente, como humanos.

Existem integrantes da geração de Zeus e de outras mais anteriores, cujos Espíritos, ao se libertarem daqueles corpos demos de milhares, milhões ou até bilhões de anos, passaram a se "imantar" em corpos carnais – daí o termo "encarnar" – humanos e se encontram vivendo na Terra.

O DNA desses personagens é "modelo" a ser estudado por eles, e os humanos, nesse e em outros aspectos, são "meras cobaias" do fenômeno da vida biológica.

A primeira vez que os anjos-clones de Caos/Javé se esforçaram para me convencer que eles conseguiam monitorar o genoma humano, foi quando escrevi o livro *"O Big Data do Criador"*[1], oportunidade em que soube que os seres do Olimpo conseguiam também, desde o universo vizinho, acompanhar o que se passava no "jogo" (contexto) das nossas sequências genéticas.

Dentro do padrão intelectual deles, o genoma de cada pessoa de interesse é amplamente "estudado", pois nele são percebidos as tendências, as habilidades e mesmo os temores humanos, aspectos que lhes servem de padrões. Eles interferem nisso? Interfeririam, mas não na atualidade. Entretanto, nossos Espíritos, sim, "jogam" (mexem) com a nossa vida no sentido de atender uma "agenda espiritual" que, muitas vezes, está associada à preocupação de ajudar aqueles que estão vivendo na condição demo.

Se o seu Espírito, caro(a) leitor(a), já animou corpos do universo antimaterial, o objetivo atual dele não é o de você, com o seu senso humano, realizar seus sonhos, já que esse é um painel característico do nosso psiquismo. A meta do seu Espírito, de fato, é a de conduzir você por situações em que o seu DNA se movimente de modo a ser útil para o "estudo" dos entes extrafísicos.

Peço desculpas pelo jeito como, aqui, obrigo-me a

afirmar sobre a existência desse "painel" (situação) aparentemente desagradável (e desonesto) no desconhecido escopo da vida humana, mas é isso que acontece com todos nós. É nesse ponto que ressalto que nossos Espíritos não têm ética para conosco, seus egos humanos, mas não por mal, e sim porque, efetivamente, muitos deles sequer têm consciência do **"Favor Divino"** – esse assunto foi abordado no livro *"Favor Divino"*[2] – que estão prestando por meio dos seus "Eus" transitórios.

Independente disso, nós, os humanos, podemos viver muito bem, sim, porque temos essa capacidade de nos sentirmos realizados e em paz com a nossa consciência, ainda que o "pano de fundo" (contexto) da nossa vida que não é percebido, seja dessa "categoria". Ainda assim, podemos transformar a nossa existência em algo digno e feliz, desde que a questão do "Favor Divino" não nos atrapalhe demasiadamente.

O tristemente pitoresco é que essa prática se mostra ultrajante e nada tem de ética, porque mexem conosco sem que o saibamos!

Muitas vezes, queremos ir para um lado e uma "força invisível" nos leva a outro, e ali nos defrontamos com uma situação que, se fosse depender da conveniência dos nossos egos humanos, jamais optaríamos por tal cenário.

O mais curioso ainda é que, mesmo que os nossos Espíritos nos influenciem até certo ponto, é a consciência humana – que resulta desse processo – quem efetivamente manda! O "jogo da vida" é pesado (opressivo), sendo percebido somente por "gente adulta" (responsável, ponderada, prudente) que consegue "enxergar além da camuflagem" que nos envolve, e se torna "soberana" (autossuficiente) na arte sobre como comandar sua conduta íntima, agindo sempre num tipo de "segundo impulso", pelo menos, e quase nunca no "primeiro", pois este não pertence ao "Eu humano", posto que constitui uma "onda mental" que chega como **parte da manipulação existente no contexto aonde o corpo humano se encontra inserido.**

14

ZEUS, PROMETEU, EPIMETEU E TÊMIS

UM PROBLEMA FUNDAMENTAL, de acordo com a cultura dos demos, era que nenhum pai queria ter filho, porque este poderia surgir menos "doente" e mais poderoso, mentalmente, que o próprio genitor.

Devido à confusão entre Urano (pai) e Cronos (filho que derrotou o pai), Zeus (filho de Cronos), foi escondido em Creta – e sua história possui "cores mirabolantes" (características surpreendentes) –, de onde saiu adulto, para libertar seus irmãos e irmãs de geração da opressão imposta por Cronos, vencê-lo em batalha e prendê-lo no Tártaro.

Se Odin tinha como principal característica "descobrir a Verdade" e, ao mesmo tempo, ser rei, Zeus jamais desejou dominar ninguém e foi feito "Rei do Olimpo". A questão foi que ele emergiu como herói da guerra entre titãs e olimpianos, e os que dela sobraram, pediram-lhe para que se tornasse o primeiro rei deles. Então, Zeus foi o primeiro ente demo a ser eleito, democraticamente, pelos demais e, **no início, ele foi um rei com "curiosidade zero" sobre a**

Verdade em torno das suas vidas, apresentando, portanto, uma postura mental bem diferente da de Odin.

A genética do "Rei do Olimpo" sempre foi simplória, se comparada com a de Odin, ainda que uns bons cinco bilhões de anos os separassem. Zeus era muito mais complexo e bem mais moderno que Odin em muitas questões, mas não nesse ponto relativo à "busca da Verdade".

Contudo, Zeus olhava para os outros olimpianos e não via ninguém com a capacidade que ele observava em Têmis, Prometeu, Epimeteu, dentre outros titãs, e por isso os convidou a permanecerem na aristocracia do Olimpo.

Foi dessa maneira que a sua dinastia, diferente das que a antecederam, tinha também personagens titânicas entre as figuras olímpicas, e o "Deus dos Deuses" sempre administrou isso muito bem.

Nessa época em que ele se tornou o "Rei do Olimpo", não havia ainda a espécie humana. Então, qual era o cenário vigente? Zeus se destacava como sendo o mais poderoso demo! Nem Caos/Brahma/Javé, Tártar/Shiva, Eros/Vishnu, nem ninguém se metia com Zeus, porque ele havia provado possuir poderes e apoio mais amplo do que o que era dedicado à "Tríade Primordial" (a *Trimurti*).

No entanto, com o passar do tempo, sempre surgiram seres que desafiaram Zeus, como, por exemplo, Ravana, o rei dos *rakshasas*, que o derrotou impiedosamente. Se não fosse Rama a destruir Ravana, não se sabe o curso que toda essa história poderia tomar.

Ao longo do seu reinado, as assessorias de Têmis e de Prometeu sempre foram as que mais estiveram presentes no contexto da aristocracia olimpiana, aspecto que era aceito por todos. O detalhe é que Prometeu e Têmis também apresentam um certo grau de "demência", ainda que atenuado –

todos os demos padecem da "demência" original de Caos em intensidades diferentes.

Quanto mais distante está a genealogia ou a geração que surge de Caos, menor é essa "demência", mas esta sempre existirá em algum grau. Por isso que os "Deuses Primordiais" foram (os que feneceram) ou são os mais estúpidos, no sentido clínico, ao se acharem imortais e irresistivelmente poderosos, quando apenas constituem seres arrogantes e impiedosos por força da condição das suas formas *Adhydaiva*. As novas gerações são menos ignorantes, mas padecem de algum grau de estupidez no sentido da "demência" e de se acharem também imortais e poderosos. Contudo, são entes frágeis, "doentes", que vivem em perpétuo processo de "pandemia cancerígena", circunstancialmente combatida por meio de "remédios" que surgiam de tempos em tempos. Além do que, ainda que possuam informações sobre algo, seja um determinado objeto, ser, tema ou evento, o nível de compreensão que costumam arquitetar a respeito do que sabem, deixa muito a desejar.

Na verdade, Zeus não teve vida fácil no campo da sua gestão, pois quando os problemas lhe eram apresentados, ele nunca soube compreendê-los com destreza, até porque quem os trazia, também era tão "demente" que nem mesmo conseguia explicar direito a questão em foco.

Houve um tempo em que Têmis começou a se sentar ao lado de Zeus, e quando um deles vinha se queixar, por exemplo, do vizinho, ela orientava que o reclamante se certificasse de que estava narrando corretamente o que acontecera. Ou seja, Têmis era alguém que procurava fazer com que o demo – fosse ele um deus ou não – que ia ao Olimpo para revindicar algo, apresentasse a sua versão o mais próximo possível da verdade. Zeus, então, escutava a queixa e quando estava para decidir a respeito da questão, Têmis o alertava para que ele se assegurasse de que o que diria, seria aquilo que, depois, exigiria que os envolvidos cumprissem, de modo a organizar melhor a vida de todos.

Assim, Têmis foi ensinando aos titânicos e aos olimpianos que conviveram nesta fase da história em que Zeus tem sido o imperador, a se comprometerem com o que estavam falando. Por isso que, num primeiro momento, Têmis recebeu o epíteto de "Deusa da Justiça". Entretanto, ela atuou mais como uma "Deusa dos Juramentos Pessoais", no sentido de exigir que o demo reclamasse de acordo com o que, efetivamente, se deu, e que aquilo que Zeus decidisse, fosse cumprido por todos.

Para os humanos que quiserem compreender com mais profundidade o que, de fato, ocorreu na quase inexistente evolução desses seres demobio (híbridos com CFD dos demos + algumas sequências do DNA biológico, mas sem capacidade sexual) e demobiol (demobio que, a partir de certo momento, foram dotados de capacidade sexual), há o indicativo de que Têmis foi extremamente importante na formação do psiquismo de Zeus – e na dos demais seres do Olimpo – no campo da justiça, no sentido dele ser alguém justo ou que conseguisse aplicar as leis de maneira imparcial, visando organizar a vida social dos olimpianos e titânicos.

Em alguma ocasião dessa história, Zeus se apaixonou por Têmis, porque ela era, realmente, uma titânide belíssima – em relação ao modo como eles medem a beleza. Até agora, ela é majestosa, de um modo impressionante, e de idade indefinível quanto aos nossos padrões, tendo um poder magnético de respeitabilidade difícil de existir entre os demos.

Ao se apaixonar e reconhecer a beleza de Têmis, que era de um marco vibratório que jamais havia observado, Zeus teve tal sensação mais no sentido platônico – que se manteve assim – do que propriamente em outros termos. Ressalto esse aspecto porque, naqueles tempos, o chamado "processo de panmixia"[1] era o contexto natural. Portanto, Zeus se relacionava, sexualmente, com deuses, deusas, homens, mulheres e animais.

Então, ele era um depravado, um tarado? Não se pode cometer essa "dose de anacronismo" (erro cronológico) em relação àqueles tempos, pois esses atributos não devem ser aplicados a essa época da História Universal. Infelizmente, essa prática equivocada de julgar os eventos de épocas passadas com base nos valores humanos atuais, parece ser comum a muitos estudiosos de mitologia que ainda criticam Zeus como se se ele fosse um ser com natureza humana. Quem assim procede, supõe conhecer a verdade, mas situa-se longe dela.

Zeus foi um protótipo no exercício da panmixia, algo que forçado pelo seu *telos* (destino dos deuses), um desavisado protagonista no qual explodiu a sexualidade demo associada à necessidade de produzir semideuses que fossem capazes de destruir os monstros poderosos do "caos primordial". Por isso, o "Deus dos Deuses" teve tantos filhos e filhas compostos de parte do DNA humano associada à dele, e cada um desses seus descendentes humanos-semideuses tinha uma função num "quebra-cabeça cósmico" (contexto cósmico) nunca compreendido pelo conhecimento humano – até mesmo pelas autoaclamadas autoridades em mitologia.

Prometeu foi alguém que, como Têmis, era solicitado pelo "Rei dos Deuses" para ajudá-lo a compreender certos painéis mais complexos dos eventos da existência.

Esse titã era um tipo de ente que olhava para as situações aparentes e conseguia enxergar o aspecto profundo delas, e fazia isso mais do que todos da sua geração titânica e da dos olimpianos, sendo reconhecido, por eles, como um "demo sábio", ainda que também ostentasse o seu grau de "demência".

Sob certa perspectiva, Prometeu pode ser considerado uma continuidade de Odin, ou seja, como sendo alguém que queria entender o lado mais profundo de tudo que existe. Zeus não tinha essa preocupação, ainda que se incomodasse por não compreender determinados eventos. Então, o titã tentava lhe esclarecer, repetidas vezes, as mesmas questões, porém Zeus era tremendamente limitado em muitos assuntos e não captava tão de pronto o que lhe era exposto. Prometeu explicava uma vez e mais outras, até que se cansava e falava qualquer bobagem, fingindo se tratar de uma explicação séria. Em seguida, Prometeu perguntava a Zeus se ele tinha compreendido, e o "Rei do Olimpo", que já estava meio esgotado com aquelas "aulas", afirmava que sim.

Por fim, Prometeu se retirava, rindo-se de Zeus, pois a rivalidade ancestral titânico-olimpiana jamais deixou de existir entre eles dois, ainda que esse titã devesse ao "Deus dos Deuses" o fato de estar livre, podendo viver na aristocracia do Olimpo com as suas bênçãos (aprovação). Afinal, um Zeus encolerizado, poderia, a qualquer momento, mandar prendê-lo com os outros titãs já aprisionados no Tártaro.

Antes do surgimento da espécie humana à "moda pandórica", ou seja, racional, assim era a vida de Zeus com os demais deuses do Olimpo e tendo a participação dessas figuras titânicas. Estavam acostumados ao padrão da "demência" demo, que fazia deles seres simplórios, enquanto

Prometeu se mostrava sagaz para muitas questões. E é neste ponto da história, que preciso ressaltar algo muito interessante, conforme penso.

Por que a história terrestre muda há cerca de noventa mil anos? Porque, nesse marco temporal, a Terra presenciou a chegada de algumas naves que ninguém nunca imaginou que pudessem existir, tendo em vista o tamanho delas – refiro-me às *mastlans* luciferianas, remanescentes das guerras finais da "Rebelião de Lúcifer", ocorridas nos mundos de Antares. Algumas conseguiram pousar, outras não. Esse evento causou certa confusão porque essas *mastlans* eram deste universo biológico material, enquanto que Zeus e Prometeu, conforme já explicado, são residentes do universo antimaterial, paralelo ao nosso.

Nessa ocasião, Zeus percebeu que aquelas naves pousadas na Terra, tinham relação com outras mais antigas, pertencentes aos biodemos – que eram da "família Val" – que aportaram neste planeta há cerca de 500 mil anos antes da chegada das *mastlans*, e isso provocou nele a mais inquietante das preocupações. Ele achava que aqueles eventos deviam fazer parte de um plano de dominação da Terra, pois aqueles seres haviam se rebelado contra o "Comandante" – também chamado **"Hochmach"** (em hebraico) e **"Sophia"** (em grego) –, ente criado por Caos e Eros e que foi engendrado para atuar como o "Preposto do Criador" neste universo material.

Em termos da geopolítica da época, a questão era a disputa em curso sobre quem "herdaria" a Terra, ou seja, quem seria o "dono do planeta". Nessa ocasião (há cerca de noventa mil anos), também estavam aqui os sirianos (seres biológicos, anfíbios, vindos de Sírius, por trás da gestão inicial do que, na atualidade, seriam as civilizações da

China, Índia, Japão e Coreia) e os Anunnaki (os Nephilim bíblicos, que são entes biológicos que dominavam certas regiões planetárias, tomando conta de parte da África e parte do Oriente Médio, principalmente).

Havia, ainda, outras equipes de seres extraterrestres por aqui, porém operando como "piratas siderais" ao praticarem algum tipo de extrativismo mais modesto, longe de se situar nos padrões do que os Anunnaki faziam.

O acontecimento mais importante a ser também ressaltado, é o de que, simultaneamente a todo esse processo, os portais passaram a funcionar de um modo ainda mais satisfatório para o trânsito entre os universos, notadamente dos que vinham de lá para cá.

Outro evento ridículo, mas também muito importante, era o fato de Caos/Javé – que ficava no universo vizinho, ainda que cheio de controversas sobre a sua vinda a este universo – manter-se focado em Sophia, *avatar* de Vishnu e que havia criado os seres biodemos.

Foram geradas quase duzentas e cinquenta mil "famílias biodemos", e para cada uma dessas, havia um "Processador da genética molecular", todos eles vinculados a um futuro projeto de "reconstrução de um protótipo antigo" que pudesse dar guarida ao "Eu" do Criador "caído", de modo que esse conseguisse se deslocar do universo vizinho para o nosso.

Azar dos azares, pois eclodiu a "Rebelião de Lúcifer" logo no contexto do segmento genético dos biodemos.

Zeus não era ainda nascido ao tempo em que se deu o "problema luciferiano", mas a "lenda" (a narrativa) que chegou ao seu conhecimento era a de que Sophia representava, no *eon* biológico, o "deus Criador", que residia no mesmo universo que ele, o que lhe parecia tudo muito estranho.

Ele também estava informado de que essa "rebelião de biodemos" havia consumido a atenção de Sophia e que, devido aos Val se deslocarem para a Terra e, mais tarde, os sobreviventes das lutas de Antares que compunham o quartel-general de Lúcifer, Caos acoplou a sua *timé* (o "conglomerado de realidades" do *eon* vizinho) ao universo material. De tudo isso, o "Rei do Olimpo" era sabedor, ainda que não compreendesse muito bem a lógica da sucessão desses eventos.

O *geno* que, mais tarde, passou a pertencer a Zeus – e que constitui apenas mais um dos "céus" ou "moradas" do universo antimaterial, chamado de *Brahmaloka*, pela mitologia hindu/ariana –, sofreu um impacto significativo na época dessa acoplagem de todo o *eon* de Caos ao *eon* biológico. Quando Zeus emergiu para a vida, já era essa a situação entre os dois universos.

A convivência entre Caos e Zeus, desde que este último assumiu o poder geral no *eon* vizinho, nunca foi boa, e um pacto teve lugar, garantindo a supremacia governamental de Zeus até mesmo sobre os "Deuses Primordiais".

Nesse contexto governativo, as presenças de Têmis, Prometeu e Epimeteu, por muito tempo, foram de extrema importância para a operacionalização do poder do Olimpo.

15

COMO SER O MAIOR?

O QUE TODOS aqueles seres demos sempre pensaram no âmbito das suas estratégias geopolíticas era:

"Quanto mais eu encher a Terra de descendentes meus, mais controlarei o mundo que retém as últimas novidades evoluídas a partir da 'genética problemática' do Criador".

Nessa altura dos acontecimentos, Zeus começou a exigir que os demos do circuito olimpiano fossem para a Terra, porém nem todos conseguiam passar pelos portais e, por isso, muitos se feriram dolorosamente e alguns perderam a vida. Desse modo, pela primeira vez, eles foram percebendo que demo também morria!

Zeus resolveu, então, procriar aceleradamente com mulheres humanas e estimulou outros demos a fazerem o mesmo. Com essa atitude, ele consumou uma nova desobediência ao velho mandamento de Caos, que proibia qualquer ente extraterrestre ou extrafísico de ter relações de procriação com humanos.

Caos havia decidido isso para proteger a humanidade? Não, absolutamente não! Seu intuito foi tão somente o de manter unicamente para si, a possibilidade de manipular os genes da humanidade ao bel prazer dos seus desígnios, o que ele começou a fazer desde a época de Adão e Eva – mas ele logo perdeu o controle sobre Eva.

Ao perceber que Zeus partira para confrontar abertamente os seus desígnios, ancorado no fato dessa ordem também já ter sido descumprida pelos seres biológicos Anunnaki, Caos (Javé) se encheu de fúria contra Zeus. Isso era uma ocorrência comum naquele tempo, pois o Criador geralmente apresentava um estado psíquico alterado, furioso e inclemente, que o levava a decisões toscas. Devido à mediocridade das suas posturas tolas, caprichosas e repetidas, passou a não ser levado a sério por seus pares, ainda que continuasse a ser reverenciado como o "Ente Primordial".

Qual o problema advindo da atitude de Zeus? As estirpes que vieram para a Terra oriundas da "Rebelião de Lúcifer", caracterizavam-se por não ostentar qualquer tipo de órgão sexual – todos os biodemos eram assexuados –, o que, em suma, traduzia um problema que se estabeleceu com o passar dos tempos, pois não se reproduziam, enquanto que as demais espécies demos, híbridas e biológicas aumentavam em número de indivíduos! Por causa desse trágico aspecto, alguns "núcleos rebeldes" de biodemos do Sul começaram a se clonar, com receio de serem poucos diante de outros exércitos que pudessem surgir.

Ao observar aquela situação, Caos/Javé ficou preocupado porque os próprios Anunnaki dos clãs de Enki e Enlil voltaram a se reproduzir biologicamente entre eles e começaram, novamente, a se misturar com as fêmeas e machos humanos. Isso o "levava à loucura no campo da fúria" (enfurecia-o de maneira intensa). Absolutamente, ninguém mais o obedecia!

Chegou a um ponto em que, realmente, de tanto eles fazerem testes com a espécie que estava mais abundante na época, que era a do *Homo sapiens* – sendo alguns já racionalizados e outros não –, quase que a dizimavam por completo, de tantas bactérias e de vírus estranhos que passaram a surgir dessas experiências de manipulação genética, então realizados.

No meio de todo esse confuso contexto, Zeus ficava se perguntando:

"Sou o 'Rei dos Deuses' e o mais forte, então, como é possível que eu não me estabeleça e prevaleça na Terra? Quem é que luta contra mim? Quantas e quais são as forças que me contrariam?"

Ele não conseguia entender nem muito menos responder a si mesmo – os demos não alcançam articular facilmente esse tipo de reflexão –, e como não podia chamar Prometeu para acudi-lo, pois este último estava aprisionado no Cáucaso, o "Rei do Olimpo" permanecia sozinho na sua angústia interpretativa, que nunca "chegava a lugar nenhum" (apresentava solução).

Em tempos anteriores, quando tal se dava, Prometeu lhe explicava o que ocorria:

— Zeus, preste atenção no que vou lhe falar! Este nosso universo aqui, está junto desse outro agora e, no nosso lado, há vários *genos* que pertencem à sua *timé*. No entanto, no de lá, tudo é muito diversificado, espalhado e ninguém consegue prevalecer sobre o todo. Você é só mais um e mesmo se achando dono de tudo, ninguém é! As ordens que você dá aqui no Olimpo, uns seguem, outros não, mas tem lá uns "Deuses Primordiais" que nem ligam para o que você ordena, e eles estão tão "doentes" que não conseguem sair das suas "moradas" deste universo para ir para o outro, porém mandam *avatares*. Veja como é difícil manter as áreas de poder!

Portanto, era sabido que Zeus só conseguia compreender as questões com o auxílio de Prometeu. No tempo em que o "Rei do Olimpo" agiu sozinho, ele chegou a desenvolver diversas medidas – sendo muitas das suas estratégias mal formuladas –, visando tentar estabelecer bases não só no universo antimaterial vizinho, mas, principalmente, do lado deste universo material.

Nessa época, Epimeteu, irmão de Prometeu, foi quem mais havia, dentre todos os titãs e olimpianos, conseguido se estabelecer na Terra em termos de "áreas" ("fazendas-laboratórios").

Se, por um lado, Prometeu era um "cientista-filósofo" algo "dementado" e cuja sagacidade era conhecida pelos demais, por outro, Epimeteu era tido como um "cientista amalucado", porque era em ente extremamente hábil em fazer experiências no campo da intelectualidade, mas inábil no sentido de ter alguma prudência, ou de apresentar um psiquismo equilibrado, posto que o seu grau de "demência" era muito forte.

Num tempo ainda bem anterior ao que a humanidade veio a existir, Zeus quis se estabelecer na Terra. Primeiro, ele resolveu "pegar carona" (aproveitar-se de) no que Epimeteu já havia conseguido realizar. Por quê? Porque nas "fazendas" de Epimeteu havia várias espécies de animais da nossa fauna terrestre, que ele usava para fazer pesquisas e procriação. O mais impressionante e pitoresco é que esse titã se misturava com esses seres como se fosse um deles. Ele criava "beberagens", "poções" e as bebia, além de distribuí-las "a torto e a direito" (em excesso e irrefletidamente) entre os animais e de mesclar sua própria genética com a deles.

Quando Zeus teve a devida consciência de que o irmão de Prometeu havia sido o que mais avançara, dentre eles – em termos de ocupar áreas estratégicas e bastante interessantes porque sempre estavam associadas à água doce, montanha, vegetação abundante e rica diversidade animal –, chateou-se com o aspecto de que Epimeteu não queria dominar ninguém ou entrar em guerra com quem quer que fosse, pois não possuía exércitos ou grupos que o apoiassem. Nada disso! Era só Epimeteu, sendo que sua vida se resumia à convivência com os animais terrestres e, episodicamente, encontrava seu irmão Prometeu, por quem sentia afeição e admiração.

Epimeteu não era sexuado e adorava ficar com os animais terrenos porque isso fazia bem à alma dele, e era surpreendente como, naquela época, ele tinha amizade com lobos, onças, leões e cobras, e parecia dar o jeitinho dele para tudo.

Poucos o levavam a sério!

Logo que Zeus teve a intenção de declarar que estabeleceria parte da sua *timé* na Terra e que, para tanto precisaria do apoio de Epimeteu, escutou de Prometeu:

— Isso não vai funcionar! Epimeteu só sabe cuidar dos aspectos relacionados aos seres vivos de lá. Entenda, Zeus, que nós temos poucos talentos e observe que eu e ele até os temos acima da média do Olimpo, no entanto, ainda assim, meu irmão só funciona para os fins que sua própria cabeça determina. Não perca tempo, envolvendo-o nos seus objetivos, pois ele o atrapalhará, e logo sua ira o afastará de você e, quando ele se esconde, nenhum de nós jamais poderá encontrá-lo! Eu que o diga! Ele somente aparece quando quer! Esqueça-se dele!

— Contudo, eu preciso... – retrucou o "Deus do Olimpo".

— Zeus, seja lá o que for, não vai dar certo! – reafirmou Prometeu. — Se você chamá-lo para falar com ele, Epimeteu apenas olhará para você e vai sair daqui pensando sobre o que conseguiu escutar, mas quando ele chegar naquele átrio ali, já terá se esquecido de tudo o que você ordenou e vai voltar a fazer o que é do interesse dele. Não adianta você usar Epimeteu como estratégia de dominação!

E assim, Zeus ia tentando, porém, com o tempo, sempre aparecia alguém para lhe dizer:

— Você é o rei de todos nós, mas Prometeu está fazendo isso porque ele tem segredos escondidos nas "fazendas" de Epimeteu e não quer que você saiba! Vá lá ver!

Zeus, então, dirigia-se às "fazendas" que ele conhecia, e como não conseguia ver nada de suspeito ao observá-las, voltava furioso.

Quando reclamava sobre isso, ainda escutava de algum olimpiano:

— É porque você não olhou direito, mas tem!

Ou seja, muitos procuravam fazer intriga entre o "Rei do Olimpo" e Prometeu, querendo, desse modo, diminuir o prestígio deste titã junto a Zeus. E assim, seguia a vida entre aqueles seres!

Certa feita, sentindo-se profundamente humilhado por Prometeu, decidiu que prepararia um "presente funesto" para ele, porém esse seria dado a Epimeteu, que de nada desconfiaria.

Foi nesse contexto que a personalidade de Pandora surgiu à moda humana, e esse processo não foi produzido pela mente do "cientista titânico" Prometeu, mas sim, do "inventor olimpiano" Hefestos que, sob certo aspecto, era ainda bem mais desligado do que esse titã.

Outras vezes, Zeus escutava:

— Realmente, ou a nossa geração ocupa espaço ou outros tomarão conta de tudo! Por ordem sua, não estamos nos reproduzindo, mas temos que começar a criar uma maneira de fazê-lo. Sabe quantos monstros Tártar deixou guardado e escondido lá no setentrional do planeta? Três! Qualquer confusão entre você e um dos "Deuses Primordiais", este poderá nos convocar para disputas na Terra, e quem de nós irá? Precisamos de mais seres semelhantes a nós e com capacidade para as grandes lutas! Por outro lado, no momento em que ele quiser destruir as "fazendas" de Epimeteu, é só libertar um daqueles monstros. Quem é que, então, enfrentará qualquer daquelas criaturas em nosso nome? Na atualidade, nem Apolo nem Atena podem com nenhum dos três! O que fazer?

Zeus, então, começou a utilizar os trabalhos de Hefestos, com o intuito de ser mais respeitado pelos seus pares. Ele era o maior dentre os deuses e precisava, efetivamente, destacar-se como aquele cuja *timé* fosse, de fato, impressionante em todos os aspectos.

Em termos de contexto do universo vizinho, o ente que detinha e detém maior potencial de combate aberto, mais ampla *timé*, o *telos* ainda por ser redimensionado e o apoio dos seus pares e demais seres de aventura existencial, era e é Zeus! Contudo, o universo vizinho entrou na sua última etapa entrópica e seu fim já se encontra prenunciado.

16

———

A CONTROVERTIDA VINGANÇA
DE ZEUS

DE TANTO ZEUS se achar humilhado por Prometeu, ele resolveu se vingar dele, mas se utilizando do seu irmão Epimeteu. A questão é que o "Deus dos Deuses" não tinha criatividade suficiente para se vingar de Prometeu, ou mesmo para humilhá-lo.

Como não podia prescindir de Prometeu na aristocracia do Olimpo, pois a mente deste último estava ligada a uma série de entendimentos que eram estabelecidos por ele como sendo leis, então, Zeus resolveu:

"Eu me vingarei de Prometeu, mas via Epimeteu! Vou lhe dar um "presente" contaminado, que infetará todos os seus rebanhos e todos os que forem visitá-lo, o que sei que Prometeu fará, em apoio ao irmão."

Nesse período da história, o ente que veio a ser Pandora, não era ainda humano nem muito menos uma mulher, mas apenas um demo chamado "Kalil", gerado por Zeus e Têmis

155

– mesmo que sua origem não esteja plenamente explicada nas páginas da mitologia.

O primeiro ser demo a perturbar o senso da aristocracia olimpiana foi Kalil, pelo fato dele ir para a Terra facilmente, sem sentir os problemas comuns aos que atravessavam os portais com aquele intento. O ponto de apoio que ele costumava se servir no início das suas jornadas pelo planeta, foi uma das "fazendas" de Epimeteu, na qual os animais humanos ali também habitavam, em número que variava bastante, até porque a entrada e saída dos mesmos era livre. Kalil aprendeu com Epimeteu a adorar os animais terráqueos, que eram passivos, pacíficos, agradáveis e inteligentes, sob a perspectiva do modo como eles interagiam.

Zeus sempre ficava aborrecido quando acontecia algum problema na ida ou vinda pelos portais, e por isso ele costumava proibir, por um certo tempo, esse trânsito dos seres que viviam no Olimpo. Todos o obedeciam, menos Kalil e Epimeteu.

Esquecidos das ordens de Zeus, Kalil e Epimeteu estudavam os "animais de estimação" favoritos desse titã, o que fazia com que vários humanos acompanhassem alegremente o dono da "fazenda" para onde ele se deslocasse. Kalil achava notável aquele tipo de interação que jamais observara entre quaisquer seres.

Quando Zeus, furioso, decidiu que tinha que punir Prometeu e que utilizaria Kalil como instrumento do seu plano, idealizou uma estratégia extremamente simples e, para tanto, bastava que suas ordens, relativas a essa questão, fossem obedecidas.

Reunido o "Conselho dos Deuses do Olimpo" e tendo Kalil sido convocado para ali se encontrar, pois lhe seria dada uma missão, Zeus esclareceu a todos, abertamente, que teria que castigar aqueles que o desobedeciam e que o seu plano teria que ser executado com rapidez e exatidão.

— Como castigo imposto pelo abuso da minha longa paciência, todos os deuses aqui presentes vão lhe dar a pior parcela que possuem nos seus códigos-fonte definidores de vida – decretou Zeus. — Cada uma dessas partes deverá ser "inoculada" no seu código pessoal, ó Kalil, para que seu *Kadmon* passe a se associar com Epimeteu, com vistas a uma "procriação teste" que estudaremos mais tarde. Posto que a beleza, para Epimeteu, parece ser o modo corporal dos seus "animais de estimação", determino que Hefestos transforme esse *Kadmon* no mais belo infortúnio que puder ser moldado para bem impressionar esse titã. Se é lá que você prefere viver, vai daqui como instrumento da minha *timé*, e assuma suas posses em meu nome, aonde os seus pés pisarem. Você compreendeu, Hefestos?

Todos sorriram discretamente enquanto Hefestos respondia afirmativamente a Zeus, e o comentário geral sempre era o de que ele não devia ter mesmo entendido muito do que lhe fora solicitado, como sempre acontecera com os outros casos de "encomenda" que o envolviam.

O cumprimento da ordem foi imediato, e Kalil ficou em pé enquanto um, de cada vez, aproximava-se dele, fazendo a "inoculação" das suas salivas no seu nariz e na sua boca.

Hefestos saiu perguntando para um e para outro, e mais especificamente para Kalil, acerca do que dele era esperado, resposta que escutou com exatidão da própria vítima que, no princípio, também não entendera quase nada:

— Você deve esconder em mim toda essa gama de códigos para que somente quando estiver com Epimeteu, eu possa assumir a "face" resultante da ordem de Zeus e "marcar" a "fazenda" e seus "seres de estimação" com o que de mim for emanado.

Por fim, Hefestos concluiu que os demais deveriam "marcar" Kalil de modo a que este se transformasse em algo extremamente belo, mas que carregaria "infortúnios" para onde fosse. O plano de Zeus era, exatamente, o de "inocular" vírus danosos em Kalil, que contaminariam, na "fazenda", todos os animais de Epimeteu, ele próprio e, por fim, o seu irmão Prometeu.

Então, Hefestos levou Kalil para o seu laboratório e lá fez as suas aferições, quando percebeu que, estranhamente, somente existiam "marcas boas" nele impregnadas. Uma vez que tal ocorrência não era da sua conta, resolveu construir o mais poderoso e livre "gatilho de metamorfose psíquica", introduzindo esse "protocolo mental" em Kalil, o "instrumento do Olimpo" que, sem que o soubesse, revolucionaria o processo de evolução em curso na natureza terrestre.

O que aconteceu, de fato?

Na lógica demo deles, era assim que o "Rei dos Deuses" se vingaria de Prometeu. Antes de sair, Zeus disse que Atena seria a primeira. No entanto, como os olimpianos, já naquele tempo, estavam meio que aborrecidos com as ordens dele, costumavam tomar qualquer atitude, menos cumprir o teor exato do que lhes foi ordenado. Muitas vezes, era até feito o contrário do que ele mandava! Assim, quando Atena foi deixar a sua "pior marca", ela resolveu fazer uma "inoculação" de efeito positivo, e não negativo, e é dito que ela escolheu o seu "melhor presente", em termos de código-fonte definidor pessoal de vida (seu CFD), e o deu a Kalil. Afrodite fez o mesmo, e os demais deuses atuaram de maneira algo parecido, até porque todos gostavam de Kalil, à moda dos demos.

Em resumo, Hefestos criou um "processo de mutação" para Kalil e lhe explicou:

— O que eu produzi, ficará engatilhado no seu código de vida, e quando for da sua vontade, você poderá se metamorfosear no que quiser.

O "gatilho mental" dado por Hefestos, era especial e diferente de tudo o que existia nos demos até então, porque apenas podiam se metamorfosear, de um modo geral, de acordo com o "grau da doença" da qual eles padeciam, posto que metamorfose nunca foi uma questão de poder, mas sim, de "doença" do CFD demo, que não se estabelecia num só padrão.

Após esses procedimentos, o então Kalil Kadmon foi "enviado" como "prenda funesta" para uma das "fazendas" de Epimeteu, porém, em vez de vírus horríveis, levou uma "carga genética preciosa", e mais ainda, o "presente final" dado por Hefestos, que lhe permitiria se transformar, definitivamente, naquilo que desejasse, de acordo com o que ele próprio pudesse criar no âmbito do seu psiquismo.

Chegando na "fazenda", como Epimeteu era dependente das "beberagens" que ele mesmo produzia – algumas delas semelhantes aos chás de certas raízes que alteram a consciência de quem as toma –, Kalil Kadmon viciou-se também.

Em algum momento daquela convivência, Kalil Kadmon se apaixonara pelos animais humanos e começava a sentir, no seu psiquismo, vontade de interagir e/ou de ser como eles.

Certa feita, como havia um decreto de Zeus que precisava cumprir, Kalil Kadmon disse:

— Epimeteu, temos um decreto de Zeus que nos obriga ser "fator zero" de uma nova geração de seres do Olimpo, e portanto, precisamos procriar.

Então, o titã deu a ideia de chamar Prometeu, para que ele os aconselhasse.

Ele consultou o irmão, que providenciou a mistura dos CFDs de Kalil Kadmon com o de Epimeteu, e surgiu Pirra, filha dos dois, como um "produto de manipulação genética demo".

Observando a beleza de Pirra, Prometeu gerou um filho chamado "Deucalião", que se uniu a ela. Ao provocar esse evento, o titã queria irritar Zeus.

Com o passar do tempo, o "Rei dos Deuses" começou a notar que, em vez da situação "dar para trás" (regredir, piorar) nas "fazendas" de Epimeteu, tudo estava efetivamente evoluindo.

Zeus, então, pensou:

"O que é que está havendo? O que foi que houve?"

Quando o "Rei do Olimpo" percebeu que Prometeu havia colocado um filho junto de Pirra e que os dois estavam começando a procriar sexuadamente, aquilo o surpreendeu sobremaneira, pois ele estava querendo descobrir novas maneiras de procriação. E foi quando os demos prestaram atenção naquele tipo de relacionamento e passaram a reproduzir o processo, na busca de novas soluções para a genética problemática deles.

É dito que Zeus tentou estuprar Pirra para misturar a genética dele com a de Deucalião, na descendência que ela pudesse ter, porque ele desconfiava que aquela futura geração de humanos poderia sair mais esperta ainda do que as demais.

Qual o detalhe?

É que, no meio dessa confusão, por estar apaixonado

pelos animais humanos e, como na "fazenda" de Epimeteu não tinha, naquele momento, nenhuma fêmea, mas apenas machos – enquanto que todas as espécies da natureza terrestre apresentavam a possibilidade dessas duas polaridades –, Kalil Kadmon, meio que sem querer, transformou-se na "primeira humana fêmea", pois Hefestos havia lhe dado o poder de fazer um tipo de *looping* mental sem retorno". Desse modo, em vez de infectar a humanidade, Pandora surgiu como a "primeira mulher". Ela se sentiu tão bem quando assim se percebeu, que sorriu.

Pela primeira vez no universo em que existimos, um ser sorriu! Mais que isso: no âmbito desta Criação, jamais havia acontecido de um ente ter sentido o que somente Pandora conseguiu expressar para ela mesma naquela ocasião, ao se ver "fora do domínio do circuito mental imediato dos deuses".

17

O SUSTO DE ZEUS

UM OUTRO PROBLEMA da gestão de Zeus reside no aspecto de que, como todos seus antecessores, **ele achava que deixaria, como legado, uma geração de demos superiores**, urdida a partir do seu código-fonte definidor pessoal (CFD) – Urano e Cronos, antes dele, haviam pensado do mesmo jeito.

Ao perceber que a tal geração sonhada e profetizada de superdeuses que substituiriam a desajeitada Tríade (Caos, Eros e Tártar) – que iniciara uma "roda de gerar vida" que não poderia mais ser parada – não surgiria, Zeus, em sua reação inicial, mostrou-se depressivo.

O pior é que o "lixo existencial" tipificado pelos monstros indestrutíveis, gerados pela Tríade nas antigas disputas – nos tempos do caos primordial –, continuava invencível, o que era um problema para a autoridade de Zeus.

Foi quando o "Rei do Olimpo" percebeu que toda uma história que começou com Caos, estava caindo "sobre os seus ombros" (sob a sua responsabilidade) e que, portanto, ele seria o "gestor de uma desgraça", e não da "formação de uma geração de superdeuses". Com isso, ele tomou um susto e adoeceu por um longo tempo ao entender o contexto que havia herdado.

Zeus se perguntava:

"Por que isto está acontecendo comigo? E por que está dando errado para todo mundo, menos para os humanos, que estão ficando cada vez mais dotados de talentos e de capacidades?"

O tal "lixo existencial" continuava a existir como um permanente desafio que precisava ser enfrentado. Muitas dessas bestas dominavam alguns quadrantes dos *genos* de Zeus e também da Terra.

Diante disso, ele começou a perceber um outro aspecto da serventia da humanidade, ou seja, o de que os humanos podiam ser usados até como enviados em missões absurdas – quanto a essa questão, quase sempre, era aconselhado por Apolo. Na ocasião dessa cultura demo, Zeus mandou que alguns, entre eles, fossem adaptados para o sexo com os humanos – essa ordem para adaptação de alguns olimpianos foi dada a Hefestos, conforme já explicado.

Depois de feitas adequações "de toda sorte" (de diversos tipos), eles costumavam dizer uns para os outros:

"Vamos ver o que é que sai da nossa relação com os humanos!"

Para surpresa deles, **alguns dos filhos que esses demos passaram a ter com os humanos, eram efetivamente muito melhores que os progenitores**, pois herdavam as partes do "genoma bom" de ambos. Por outro lado, nasciam piores, se recebessem a pior parte da genética humana ou demo – o detalhe é que estes semideuses piores eram incrivelmente raros.

Zeus gostou do que estava fazendo e do que observava como sendo os resultados genéticos desse seu mais novo projeto. Nessa fase, ele, Apolo e Afrodite foram os principais protagonistas dentre os que começaram a se envolver com os humanos e as humanas. Nesse ponto, a vida deles passou a ter mais sentido, porque cada um queria trazer o seu filho para imortalizá-lo no Olimpo, e isso se deu muito antes dos jogos olímpicos – referidos anteriormente – serem implantados na Grécia.

Curiosamente, muitos deles jamais se permitiram proceder com esse tipo de "consórcio genético", pois se julgavam muito acima dos humanos e os tinham como uma estirpe "vinda do barro", suja, carnal, enfim, indigna para servir de companhia aos deuses.

No início desse processo, **Pirra** e **Deucalião** haviam absorvido de Pandora as melhores sequências dos deuses do Olimpo e ainda se apropriaram das de Prometeu, no campo da sagacidade – sequências que apenas este titã detinha. Qual a importância desse aspecto da vida desses seres? Os seus filhos, ou seja, os netos de Pandora, via Pirra e Deucalião, nasceram com condições genéticas excepcionais, quando comparadas com as de todo tipo de ente que existia até então.

Além disso, Pandora, como mulher, também começou a ter relações sexuais com seres humanos, o que promovia proles muito mais avançadas em termos de racionalidade do que as já existentes. Afortunadamente, essa descendência de Pandora com humanos se associou com a de Pirra e Deucalião, e nessa ocasião, teve lugar (ocorreu) uma mistura genética que modificaria para sempre os rumos da História Universal.

A partir dessa miscigenação, um pouco mais de uma

dezena de núcleos humanos singulares começaram a se organizar, e quatro deles conseguiram passar à posteridade como descendentes de Heleno, um dos filhos de Pirra e de Deucalião, que se transformariam, mais tarde, nos povos jônico, aqueu, eólio e dório, os fundadores da cultura helênica (grega), que revolucionou a história cultural e filosófica da humanidade, dentre outros aspectos.

Ao perceber a confusa situação genética que dominava a Terra nessa ocasião, para seu espanto, teve consciência que dali estavam surgindo humanos que ostentavam faculdades, no campo psíquico, que nem ele e ninguém mais dentre os deuses, fossem Primordiais ou modernos, possuíam.

Quando Zeus teve ciência de que a Guerra de Troia havia sido, sim, provocada por ele e seus pares do Olimpo, mas que parecia que eles tinham se envolvido para promovê-la devido à ação de uma força mais antiga que eles, voltou a sua atenção para as Moiras. O circuito profético delas apontava para o aparecimento de um antigo vaticínio de Morus, segundo o qual a Criação somente teria a sua destinação redimensionada quando emergisse um "núcleo distinto" de uma estirpe ainda por surgir, o qual construiria uma história própria, ofertando novas "possibilidades de ajuste" tanto na Obra quanto no Criador "caído".

O brilho no olhar que nós, humanos, temos, referente à capacidade de entender a realidade e a movimentação da vida, de sorrir, de fazer poesia e de nos emocionarmos, fez com que eles se sentissem pasmos, questionando-se como tais quesitos brotaram da natureza humana, sem que ninguém dentre os maiorais, conscientemente, tivesse programado qualquer possibilidade nesse sentido.

Toda a comunidade descendente dos "Deuses Primordiais" se assustou com o resultado daquela nova situação que surgiu devido ao "jogo" (convivência) entre Zeus e Prometeu, usando Epimeteu, Têmis, Pandora, Atena, Hefestos, Pirra e Deucalião. Esses personagens fizeram uma estranha "roda" se mover sem que tivessem planejado isso, e a mesma girou e, até agora, movimenta-se na direção alinhada por Pandora, a protagonista definidora que emergiu para uma nova forma de vida em plena falência da geração a que antes pertencia. Nem mesmo os deuses entenderam o que aconteceu!

Hefestos, quando o aborreciam, costumava comentar:

— Dizem que tenho ideias estranhas, mas nada se compara à de Zeus, que querendo infectar uma espécie com vírus, elevou-a a um novo padrão que ninguém entende e que parece ser superior ao dos próprios deuses.

Devido a esse padrão diferenciado, as rivalidades se estabeleceram de tal maneira entre os deuses, que os núcleos humanos que surgiam, passaram a ser disputados por eles, pois cada um queria uma cidade humana sob seu controle pessoal, dentre outros aspectos.

Para a cultura dos deuses, ainda que os humanos de nada ou pouco soubessem, cada uma das cidades terrenas estava destinada a ser propriedade de um deles – pouco lhes importava se havia consciência ou não quanto a essa questão, por parte dos terráqueos.

Algumas daquelas relações funcionais entre humanos e deuses até que evoluíram, como a da cidade de Atenas, mas outras nem tanto, e muitas haviam que os seus habitantes sequer sabiam quem eram os deuses que disputavam a posição de "donos" das mesmas.

Boatos, estórias, oráculos, pitonisas e sacerdotes diversos davam a tônica daquelas disputas, porém muitos humanos, mesmo sabendo da existência daqueles seres, começaram a não dar a mínima importância ao possível comando que deles pudesse vir.

Os deuses usavam os seus "monstros de estimação" para proteger e/ou ameaçar o "jogo de poder" entre as cidades, e essas confusões terminavam sendo levadas para Zeus, cujas decisões eram dadas no sentido de resolvê-las. Efetivamente, com essas eternas pendengas, ele não tinha mesmo descanso!

Certa feita, Hefestos chegou para Zeus e disse:

— Ó Zeus, sabe aquela pergunta que você me fez há muitos milênios, sobre o Kraken e que tipo de código genético alguém deveria ter para enfrentar aquela aberração, caso ele fugisse da sua prisão?

— Sim, eu me lembro! – respondeu o "Rei do Olimpo".

— Devo lhe dizer que, depois do surgimento desses humanos, descobri que, se você associar a sua "fórmula de poder mental", ou seja, seu código genético, ao de uma mulher da descendência de Pirra, poderá criar um ser parte humano e parte como nós, que terá condições de enfrentar o que for do seu desejo – revelou Hefestos. — Depois, basta você conduzir as situações do seu interesse, envolvendo esse semideus, pois nenhum humano, em sã consciência, vai aceitar tal tipo de tarefa!

— Para manter o meu império, necessito acabar com essas abominações criadas pelos "Deuses Primordiais" e mesmo por alguns da minha geração – comentou Zeus. — Tenho pensado bastante nessa estratégia e até já semeei algumas mulheres...

— Então, é verdade o que falam aqui, no Olimpo, que você já tem alguns filhos e filhas entre os humanos? – perguntou o "inventor olimpiano".

— Sim, não nego, mas apenas prefiro não deixar isso

muito claro, de modo que Hera não infernize ainda mais a vida deles, como você mesmo... – começou a explicar o "Deus dos Deuses".

Zeus achou melhor ficar em silêncio para que o seu filho não demonstrasse desagrado em torno do comentário que ele esteve prestes a fazer sobre Hera, mãe do próprio Hefestos.

Atualmente, ao assistirmos filmes baseados em temas mitológicos, costumamos nos perguntar:

"Que enredo é esse? De onde os ancestrais humanos tiraram ou criaram essa história?"

Na verdade, é esse contexto aparentemente absurdo para a nossa lógica atual, que tinha lugar (acontecia) naqueles dias. Pode parecer extremo, além de estranhíssimo, mas era a tal "roda" que Zeus e Prometeu colocaram para girar e, quando os humanos surgiram, esses deuses começaram a disputá-los como "massa de manobra", de maneira a se tornarem importantes na Terra, ampliando, assim, a própria *timé*. A ideia desses seres sempre foi a de dominar a Terra!

Nessa época, os humanos eram os que mais se multiplicavam, enquanto os Anunnaki procriavam de modo modesto, os biodemos rebeldes do Sul, por serem assexuados, apenas se clonaram, mas morreram quase todos em guerras, e os sirianos pouco se reproduziam, porém viviam sem demonstrar qualquer intenção quanto ao comando planetário. Devido a essa situação, os demos da geração de Zeus começaram a se misturar com os humanos também como estratégia de ampliação dos seus domínios.

Desde então, a história mais recente da humanidade foi, desgraçadamente, escrita por esses seres, não porque eles quisessem nos fazer mal, mas sim, porque é dessa maneira que os eventos acontecem no âmbito interno da Criação de Caos, aonde todos sofrem! Até quando?

Nessa altura dos acontecimentos, alguns poucos dentre os integrantes da geração de Zeus começaram a sentir – aspecto inusitado entre esses seres – repulsa pela interação abusiva que Zeus, Apolo e outros estavam praticando em relação aos humanos. **Despina** e **Astreia**, por exemplo, foram figuras que, ao observarem o que Pandora fez, lá atrás, já estavam também se isolando há algum tempo, não mais querendo conviver com a aristocracia olimpiana.

Quando começaram a surgir filhos e filhas semidivinos dos deuses do Olimpo com os seres humanos, Caos, Tártar e Eros ficaram pensando sobre o que era ainda possível ser feito depois que Pandora havia "destravado" o cérebro humano, pois os humanos estavam com a "estranha mania" de, por eles mesmos, definirem o que era certo ou errado.

A solução que eles puderam produzir – e que se encontra em vigor até os tempos atuais –, foi a de que **"era necessário impor, ditar para os humanos o que eles poderiam ser"**, conforme o desejo dos deuses.

Muitos tipos de crime foram, então, cometidos, e um outro já citado protagonista da **interação demo-homo** começou a se perturbar com a situação ao perceber como as condições eram impostas. Muito mais do que Despina e Astreia, quem enlouqueceu mesmo, foi Dionísio.

Zeus se tornou depressivo quando tomou consciência da morte de Dionísio e do desprezo que Pandora, Despina e Astreia, dentre outros personagens, sentiam em relação a ele.

18

PERCEPÇÃO DA SERVENTIA DA HUMANIDADE

Quando Zeus ordenou que alguns, dentre eles, fossem "adaptados" para o sexo com humanos, aquele novo aspecto da realidade passou a ser a prioridade da sua gestão durante muito tempo.

As artes de Hefestos, as "poções" de Epimeteu e um certo rearranjo do CFD pessoal de Afrodite foram os "novos fatores" que, a exemplo de um programa inovador, passaram a funcionar em alguns demos.

Foi nesse contexto que Zeus percebeu que, em vez dele criar um demo para resolver um problema, era melhor buscar os "produtos misturados da genética demo com a genética *Homo*", que produziam homens e mulheres acima da média do "rebanho humano". Então, ele usava esses desventurados semideuses para resolverem as questões complicadas que envolviam o Olimpo, desde brigar com o **Kraken** até enfrentar outras tarefas aparentemente impossíveis.

Em outras palavras, o "Rei dos Deuses" começou a utilizar o "produto" da geração semidivina para "limpar a sujeira" (eliminar os monstros) acumulada, engendrada pela Tríade, pelos titãs e pelos olimpianos, na Terra e nos *genos*.

Ao tomar conhecimento de outro impasse terrível (geração de seres com sérios problemas de "câncer" e de "demência") na capacidade de reprodução entre seus pares, Zeus resolveu "liberar geral" (liberar totalmente) a possibilidade – a critério dos próprios demos do Olimpo e outros que o quisessem – da convivência deles com o lado biológico da existência.

Entretanto, nesse processo de consentimento sem freios, o "Rei do Olimpo" passou a ter mais problemas ainda, porque os humanos começaram a fazer sacrifícios para Zeus, como também para os seus deuses de preferência, aconselhados por Apolo e por outros.

A situação era tão confusa que livros foram escritos, na linguagem do Olimpo – com regras absolutamente despropositadas para a lógica humana, mas de muita propriedade para o modo como os deuses discutem –, sobre como um humano poderia fazer sacrifício a eles endereçados.

Então, nesse período, o Olimpo passou a ser demandado por uma série de reclamações de um determinado deus contra outro, o que levou a Terra a ser repartida entre aquelas figuras. Essa foi uma época muito horrível para o "Rei dos Deuses" no sentido dele ter que resolver questões ridículas, mas que o aproximaram muito do conhecimento sobre os humanos. **Isso fez com que ele se envolvesse mais com os assuntos dos humanos do que, propriamente, com os dos demos, a partir desse período.**

Em tendo definido que não mais mandaria ninguém liquidar a humanidade – pois o "Rei dos Deuses" achava que seria possível contê-la e, assim, ele controlaria a Terra –, que já estava dominando o planeta, Zeus começou a criar o hábito de premiar certos humanos com a "glória eterna no Olimpo", prática que, por sinal, nunca funcionou muito bem.

A questão é que os eventos se deram e se dão com Zeus de um modo que ainda não se compreende o porquê, e não se pode atribuir ao acaso os fatos ocorridos. Aqui, "entra em jogo" (há a atuação de) uma "mão da Espiritualidade", uma do tipo "invisível", que parece que começou, nesse período do relacionamento entre Zeus e a humanidade, a mexer com o destino de certos humanos. E assim, lá atrás no tempo, segundo a perspectiva da cultura do Olimpo, eles nunca haviam visto um ser humano derramar o sangue de outro da mesma espécie devido a disputas. Nessa altura dos acontecimentos, Zeus, que se sentia o "Rei dos Deuses" e "Rei e Pai dos Humanos" – era desse jeito que ele, então, chamava-se, pois os deuses é que inventavam esses epítetos para eles mesmos –, contava histórias de como ele havia gerado os humanos, mostrando-se esquecido de quantas vezes havia mandado liquidá-los.

Quando escutamos alguém fazer um discurso e se referir a um determinado personagem, carregando nos adjetivos e nos pronomes de tratamento para enaltecê-lo, isso é tipicamente olimpiano. É ridículo, mas é assim mesmo!

A humanidade nunca teve nenhuma importância no processo, até surgir a questão da descendência. Portanto, eles só usavam os humanos para criar linhas de descendência, de modo a serem donos de determinada cidade ou reino, como já referido. Na ótica deles, os humanos não serviam para outra finalidade a não ser que um deus resolvesse eleger algum deles para exercer uma função ou papel de realce.

Quanto à questão da discussão sobre os sacrifícios feitos pelos humanos em homenagem aos deuses, o "Rei do

Olimpo" ficou furioso com Prometeu nessa ocasião e baixou um decreto mandando que esse titã fosse amarrado a uma determinada pedra no Cáucaso, aonde passou a sofrer diariamente, porque Zeus mandava um certo tipo de "pássaro-demo" bicá-lo, retirando parte do seu corpo, conforme já explicado. Como os demos não morriam – contudo, esse tempo já passou – e seus corpos se regeneram, Prometeu seguia vivo, porém sentia que cada bicada daquela doía bastante, e esse era um dos painéis que, então, caracterizava a vida deles.

Prometeu ficou preso durante milênios, e Zeus notou a falta que ele fazia no aconselhamento sobre os problemas que precisava resolver.

Certa ocasião, Têmis – de novo Têmis –, chegou para Zeus e disse:

— Eu sei que você está furioso com Prometeu, mas de todos nós, só ele tem olhos para enxergar. Portanto, Zeus, observe bem que, se você não fizer nada, sabe o que é que vai acontecer?

— Não! – respondeu ele.

— Os humanos vão herdar a Terra! – declarou a titânide.

— Por quê? – interessou-se Zeus.

— Porque, veja lá, não existe mais nada nosso estabelecido na Terra – explicou Têmis. — Tem apenas um ou outro Anunnaki, um ou outro biodemo "rebelde", uma ou outra equipe de fora, enquanto os humanos permanecem ativos. E o pior é que não mais obedecem suas ordens, nem os sacrifícios deles estão sendo mais interessantes para nós. Traga Prometeu de volta para cá, Zeus, porque...

— Não trarei aquele traidor para minha companhia, novamente! – declarou, rispidamente, o "Rei do Olimpo".

Têmis desistia temporariamente e, enquanto isso, a

descendência de Pandora continuava se espalhando e ocupando muitas regiões na Terra.

O que se sabe é que somente após todas essas confusões é que Zeus teve uma percepção tardia sobre o que significavam os seres humanos. Quando ele, finalmente, mandou soltar Prometeu, depois de muitos milênios do sofrimento imposto – isso se deu há cerca de uns quatro mil anos, ainda que essa data seja controversa, pois outras tantas vezes ele se arrependia e voltava a aprisionar o aturdido titã –, este voltou a conviver com o "Rei dos Deuses".

Prometeu, então, defendeu o seguinte ponto de vista:

— Zeus, esses humanos devem ser uma "encomenda" de um deus que está além dos "Deuses Primordiais", porque nem eles estão entendendo a função da humanidade no concerto da vida até agora conhecida. Ninguém planejou isso! Os "Deuses Primordiais" nunca conseguiram realizar nada especial, portanto, quem fez esses humanos aí, ó Zeus?

— Quer saber o que acho? – falou Zeus. — Fomos eu, você e o Anunnaki Enki! Ele também fez as suas manipulações! Quem criou isso aí, fomos nós!

— Precisamos pensar no que os humanos significam – alertou o titã. — Nós não sabemos, ninguém sabe! Fique atento, Zeus, pois deve haver um deus que protege esses humanos e que nós não vemos! Cataclismos diversos, como os dilúvios, além de pragas aos montes, endereçadas por Caos e seus Arcontes, caíram sobre eles, e por mais que tentemos importuná-los, sendo que alguns de nós já tentaram destruí-los, lembre-se que os humanos continuam lá!

— O que lhe disseram as Moiras? – indagou Zeus.

— Que os humanos são os seres preditos pela profecia de

um dos filhos de Nyx, e que, portanto, eles modificariam o rumo da Vida Universal! – esclareceu Prometeu.

— Não pode ser! – surpreendeu-se Zeus. — Morus nunca teve poder para nada!

— E de que vale o poder de todos vocês, se, no final, os eventos estão se sucedendo da maneira que ele apontou lá atrás? – argumentou o titã.

19

OS CASTIGOS DE ZEUS

A cada novo "agora", Zeus tomava os seus sustos, e esses não eram poucos.

Ele gostava de Ares, seu filho com Hera, mas não apreciava muito o método dele, sempre violento, de se relacionar com todos à sua volta. Eram muitos os problemas que ele tinha que resolver a cada nova confusão aprontada por Ares. Contudo, no Olimpo como na Terra, nada era tão ruim que não pudesse piorar, e Zeus quase chegou à loucura com os descendentes que Ares teve com as Ninfas e também com as humanas.

Nesta última linhagem de descendência, a figura humana híbrida de Íxion, ao disputar um reinado com o seu sogro, resolveu aniquilá-lo de uma maneira pouco digna. Ou seja, Íxion criou um buraco com pedras ardentes embaixo e o disfarçou com um chão falso, e depois que convidou Dioneu a se dirigir até lá, fingiu estar surpreso quando viu seu sogro cair e morrer. Foi assim que Íxion se tornou imperador! Conforme consta nos registros ancestrais, aquela era a primeira vez em que um ser "semidivino" derramou sangue humano.

Sobre esse evento, Zeus pensava:

"Aquilo, definitivamente, não era bom, pois os humanos poderiam se revoltar!"

O "Rei do Olimpo" resolveu perdoar Íxion e o convidou a ser o primeiro "semideus" admitido no Olimpo, com a justificativa de que esse humano híbrido, apesar da monstruosidade que promovera, tinha muitas outras qualidades. Entretanto, na verdade, Zeus estava apenas retirando Ixion da Terra, com receio dos humanos o liquidarem, o que lhe causaria ainda mais problemas.

Certa feita, porém, Íxion bebeu demais e terminou fazendo algo que não deveria, ou seja, flertou com Hera, consorte de Zeus, o que, convenhamos, não era uma atitude lá muito prudente, até porque o "Rei dos Deuses" percebeu o que se passou.

Zeus já tinha perdoado Íxion pela postura indigna em relação ao sogro, além de ter sido magnânimo no seu modo de ser, ao convidá-lo para viver no Olimpo, pois, com isso, também queria mostrar para os humanos como ele era um pai e um rei condescendente – posto que Íxion era visto, por estes últimos efetivamente, muito mais como sendo um humano do que propriamente um deus ou quase-deus.

A cada vez, porém, que se recordava que Íxion cortejara sua predileta do momento, a fúria relativa a essa traição aflorava nele, e não foram poucas as vezes que Zeus pensou em expulsá-lo e castigá-lo de alguma maneira.

Por fim, ele disse à sua consorte:

— Vamos punir o humano! Faça o "jogo" dele, convidando-o à sua alcova, ó Hera, e deixe o resto comigo.

De acordo com o planejado, Hera pôs em prática o ardil de Zeus, e Íxion, cheio de desejo, fez amor com uma "nuvem que tinha a forma de Hera", mas que, de fato, era uma égua-demo, nos moldes dos equinos da região da Magnésia.

Foi devido a esse ardil que nasceu uma outra geração de centauros, os chamados "hipnocentauros", que são parte equino e parte humano.

"E existiam outros tipos de centauros?" – poderá perguntar o(a) leitor(a).

Sim, muitos, dentre os quais, os bucentauros (bovino e humano), os ictiocentauros (criaturas aquáticas, parte peixe, anfíbio ou alguma outra forma, e parte humana), e os onocentauros (asno e humano).

Era uma época enormemente diferente da que, na atualidade, os humanos vivenciam, vendo-se sozinhos em termos de espécie pensante, enquanto nesse passado remoto, tempo de portais abertos entre os dois universos desta Criação, tudo era mais pujante (intenso), até mesmo os tipos de perigo que rondavam qualquer ser vivo.

Ao promover o surgimento daquela nova estirpe, Zeus tinha a intenção de contrariar os centauros ancestrais e, ao mesmo tempo, educar os humanos na noção de que "favor com favor se paga", aspecto que, até agora, parece não ter marcado, como devia, o psiquismo dos que pensam (os deuses) que dominam a Terra.

Quanto a esses centauros, eles foram se isolando e mais e mais reforçaram o seu jeito de viver longe das demais estirpes, "abrindo caminho" (facilitando) para que a soberba dos sátiros – um outro tipo de centauro – viesse a ser bastante conhecida entre os humanos, ao tempo do deus Dionísio.

Nessa época, dizia-se que somente o centauro Quíron, o sátiro Sileno, e o titã Prometeu, dentre os seres que habitavam o universo vizinho, sabiam fazer a leitura da realidade sem o engodo da crença descabida.

Quanto aos seres do universo material, bem, comenta-se que os humanos, por serem os mais modernos, ostentam uma sagacidade mental que nem mesmo os mais proeminentes demos demonstram possuir. Pena que acreditem em tantas bobagens e não percebam o que ficou tão marcadamente registrado nas "notícias ancestrais" que os humanos modernos transformaram em "mitologia", visando dar lugar às crenças religiosas.

"Ah, estirpe miserável e efêmera..." – diria Sileno.

PROBLEMAS ENTRE OLIMPIANOS E HUMANOS

Aos poucos, mas muito aos poucos mesmo, Zeus começou a perceber na humanidade, aspectos de um "modo de ser" que ele jamais havia visto. Além disso, a curiosidade em observar como aqueles animais inteligentes resolviam certas contendas e ultrapassavam alguns obstáculos, foi despertando no "Rei dos Deuses" uma certa relação de cumplicidade psíquica com os humanos, principalmente com os integrantes dos desdobramentos da descendência do seu próprio CFD (código de vida) que ele espalhara por meio de algumas mulheres, na mais nova espécie planetária.

Desse modo, foi surgindo uma certa relação de Zeus com a humanidade, uma nova faceta em que ele não mais pretendia aniquilá-la, tinha liberado o sexo livre de demos com os homens e mulheres e usava heróis humanos e os descendentes destes como sendo instrumentos seus na geopolítica dos povos da Terra.

O que já havia sido apenas "animal de estimação" ou, ainda, uma "massa de manobra" – por meio da qual ele havia intentado infectar as "fazendas" de Epimeteu e o seu irmão Prometeu, além de quem mais do Olimpo as visitasse –, passou a fazer parte da vida de Zeus de uma maneira que muito o surpreendia.

Em certa altura da sua vida, ele se apaixonava mais por humanas e humanos do que propriamente por deusas. Segundo os cronistas arcaicos, o "Rei do Olimpo" teve mais de cem amantes entre homens e mulheres, com os quais manteve relação de afeto ou de paixão – e dessa maneira, ele foi cumprindo o seu *telos*.

Algumas vezes, ele se perguntava se não estava enxergando muito tardiamente que os humanos, quando misturados com o seu código pessoal (CFD), na verdade, poderiam se transformar numa estirpe semidivina sob seu controle.

Entre castigos e admoestações que ninguém escutava, e muito influenciado por Apolo e Têmis, Zeus foi dando um grau de importância singular aos descendentes de Pandora – surgida a partir de seu plano de transformar Kalil Kadmon em um "presente funesto".

Conforme explicado, sua mente "passeava por muitos caminhos tortuosos" (tinha muitas ideias desconexas), mas todos eles passavam pelo cenário dele ser o "soberano eterno" daquele contexto que o envolvia.

Na gestão de Zeus, os problemas que surgiam entre olimpianos e humanos tomavam muito tempo, e ele, às vezes, perdia a paciência com todas as partes envolvidas e também com Apolo e Têmis. Provavelmente, esses dois personagens foram responsáveis pelas "dores de cabeça" (aborrecimentos) mais fortes que Zeus teve em relação às questões destas duas estirpes.

Apolo defendia a manutenção dos humanos e que precisavam continuar a controlá-los, senão os deuses mais velhos o fariam, o que seria um atraso para o *telos* de Zeus e de todos os outros olimpianos. Portanto, ele começou a criar oráculos para manter os humanos sob o domínio dos deuses do Olimpo!

Essa mania que nós, humanos, temos, até agora, de jogar cartas e búzios, visando saber do futuro, vem dessa providência de Apolo, porque quando os portais começaram a se fechar, Zeus lhe ordenou que acostumasse a humanidade a depender dos deuses – e o modo que Apolo encontrou, foi exatamente por meio dos oráculos.

Por isso, desde os tempos da Trácia e, depois, da Grécia, nenhum homem ou mulher viajava ou dava seus filhos em casamento ou fazia um empreendimento ou um negócio sem antes perguntar ao oráculo se podia, e um general que se dirigia para a guerra também fazia uma consulta para saber sobre os bons ou maus auspícios (presságios) que o cercavam. Ou seja, o oráculo era o horóscopo da época!

Explicando de outra maneira, Apolo inventou um horóscopo, para os humanos dependerem do mesmo, mas ele é quem ditava os termos divulgados nesse processo – e foi assim que os deuses continuaram a controlar os humanos.

Quem é que estragava tudo que Apolo fazia? Dionísio!

Isso se dava porque Dionísio passou a viver o que Pandora já havia vivenciado, posto que ele começou a conviver mais com os humanos e com certas classes de demos, do que propriamente com a aristocracia do Olimpo. Esse seu hábito o levou a perceber que os demos, comparados com os humanos, eram literalmente "dementes". Por isso, ele resolveu usar os humanos no sentido deles desobedecerem às ordens de Apolo, que vinham disfarçadas de "conselhos dos deuses" (nos oráculos), prática apolínea que já durava alguns milênios.

Dionísio foi um dos que, como Prometeu, percebeu que os demos eram deficientes mentais, e falavam isso abertamente aos humanos.

Revoltado com essa interferência de Dionísio, Apolo insistia:

— Você tem que prender Dionísio, ó Zeus, porque o que eu estou fazendo a seu mando, no sentido de controlar os humanos, ele vai e estraga tudo!

Sempre que escutava um ou outro protesto, Zeus tentava administrar esse conflito entre seus dois filhos, os quais, geralmente, conseguiam "tirá-lo do sério" (irritá-lo). Ele sempre achou que, de todas as estirpes que já conhecera, a dos humanos, desde que misturados com o seu próprio código (CFD), era, disparadamente, a mais inteligente, sagaz e complexa. No entanto, segundo Dionísio, para que ela continuasse sem ser "demente", tinha que desobedecer às ordens dos deuses, o que contrariava a lógica de Apolo e a de Zeus, que sempre acharam que os humanos eram controláveis.

Para complicar tudo ainda mais, Caos/Javé começou, repentinamente, a atuar de maneira competitiva – assim, pareceu a Zeus – ao escolher alguns humanos (Abraão, Jacó, Moisés, Davi e Salomão) que passaram a obedecer cegamente (sem se rebelar) ao Criador, o que muito surpreendeu o "Rei do Olimpo", pois ele jamais havia conseguido tal tipo de submissão.

Além desse "choque", Zeus também atentou muito tarde, que os portais – que ele, ao surgir para a vida, já encontrou abertos e em pleno funcionamento – entre os dois universos pudessem se fechar exatamente no melhor e maior momento da sua *timé*.

Até aqueles dias, o "Rei do Olimpo" sempre achava absurdo os humanos acreditarem na boa ou má sorte na vida, porém, desde então, ele passou a se achar um ente cujo destino não era confiável. Nada mais parecia dar certo para ele!

21

O "DRAMA DO FECHAMENTO DOS PORTAIS"

Muito do que aconteceu nesse passado imemorial não passou à posteridade nem mesmo como sendo mitologia. Um dos principais temas ausentes nos estudos humanos ao qual a mitologia não se refere, é o do fechamento dos portais.

Por quê? Porque, na época em que essa nova face da realidade se tornou evidente, não houve mais a produção de registros por parte dos seres do universo vizinho para os humanos, como havia ocorrido até então.

Um dos grandes problemas de Zeus foi o drama que eles viveram com o processo de fechamento dos portais, quando ele e Apolo optaram por desenvolver o já referido método de controlar a humanidade por meio das pitonisas, dos oráculos e outros possíveis de serem impostos aos desavisados humanos.

Por que a denominação "pitonisa"?

Os jogos píticos eram realizados em Delfos, que foi construída sobre as ruínas da antiga cidade Píton, que era dedicada a um ser demo dragonoide, de mesmo nome, metido a profeta. Apolo derrotou Píton e, então, Delfos ali emergiu. As "pitonisas" receberam essa denominação em homenagem a Píton e seu trabalho interdimensional e eram exatamente as figuras que Apolo utilizava como médiuns, para transmitir o "horóscopo dos deuses" para os humanos, a fim de os controlá-los.

Por que isso foi feito?

Como já explicado, ao percebeu que os portais estavam se fechando e que, portanto, não poderia mais dominar diretamente os humanos, Zeus implantou essa enganação religiosa, utilizando-se do medo e da submissão de homens e mulheres ao "aconselhamento dos deuses".

O grande impacto do fechamento total dos portais é que, a partir desse evento se acabou o engodo dos deuses, já que não puderam mais manipular os humanos por meio de "adivinhação astrológica".

O grande desafio da existência é a Consciência Particularizada ter a habilidade psíquica de dar sentido a cada segundo da sua vida. Nós, humanos, conseguimos fazer isso de modo relativamente fácil. Na sua expressão mais simples, basta torcer por um time de futebol, e aí está um sentido que acalenta a vida de muitos. Os demos não conseguem fazer isso, pois são "dementes". Os clones obedecem ordens e, portanto, não têm perspectiva "adulta" própria, posto que dependem do que Caos/Brahma/Javé lhes ordenar.

Os demos nunca construíram nada a respeito do sentido da vida, porque quando eles chegaram no mais alto grau de complexidade do seu código genético (CFD), o que se deu na geração de Zeus, houve um impasse – o já referido problema do surgimento de seres demo com grau elevado de "demência", entre os olimpianos –, e eles não evoluíram.

Nesse ponto, eles conheceram a espécie que evoluiu bem

mais que a deles, que foi a dos humanos. Eles tentaram absorver os padrões de vida, os parâmetros psíquicos da humanidade, mas jamais tiveram sucesso nessa empreitada e, então, passaram a viver as emoções que os humanos tinham.

Como?

COPIANDO O DNA DOS HUMANOS – E FAZEM ASSIM ATÉ AGORA!

As palestras sobre esses assuntos e outras tantas questões, têm no Olimpo inteiro uma audiência que faria inveja à mídia terrestre. Eles percebem como o DNA de cada humano varia a cada momento, de acordo com o que é falado, escutado, pensado ou lido. Enfim, nesse momento, copiam daqueles com quem sintonizam.

Nós, humanos, podemos dar sentido à vida, facilmente, por mais fútil que esse possa se mostrar, o que dependerá do grau de sabedoria do ser humano, enquanto os demos não conseguem nada sequer parecido.

E o mais interessante é que muito do que não mais consiste em algo útil para os humanos, para eles ainda é essencial, pois as suas mentes não conseguem **gerar "algoritmos" no campo do senso crítico, da emoção e da valorização das emoções**, o que implica que somente apropriam as atitudes referentes ao *varna* de cada um deles.

O que é **o *varna*?**

É o talento único, natural, que cada demo tem. Cada um dos humanos pode ter inúmeros talentos, porém um ser demo, comumente, tem apenas um talento – não possuem dois nem três, pois somente sabem "fazer bem" uma determinada atividade.

Por isso que as castas, ou seja, **as *varnas***, surgiram para os demos – pois esses tipos de seres não sabem dar sentido aos "segundos" do tempo das suas existências –, e não para os humanos, que simplesmente as herdaram.

Atualmente, em todas as *lokas*, os demos vivem ligados e conectados aos assuntos da humanidade.

Demo não tem como evoluir, já o ser humano poderá evoluir, dependendo do sentido que der à sua vida – um humano, facilmente, dá sentido à sua vida, ainda que esse não seja elevado. Os demos não têm como, e esse é o aspecto mais dramático da história deles. Essa também é uma das principais diferenças entre demos e humanos.

O mais surpreendente é que eles adoram apostar sobre tudo, pois, desse modo, sentem-se participando do "jogo da vida dos outros". Atitude de "dementes"?!

Até agora, eles seguem com suas apostas sobre o que determinado humano fará ou dirá, e, assim, as cobaias humanas são envolvidas, muitas vezes, em situações específicas somente para satisfazer esse "jogo deles".

Simplesmente, não fazemos ideia de como o "jogo da vida" (a existência que se leva), em toda sua amplitude, é deprimente, ainda que possa ser grandioso, caso tal valor lhe seja dado por quem tenha condições mentais e de consciência para tanto!

22

A DESCENDÊNCIA DE PIRRA

Os mais avançados traços do código-fonte definidor de vida (o código genético eletromagnetizado-plasmado) dos demos foi misturado ao DNA humano quando Pandora se viu existindo como mulher, após a sua "transição de fase" ou "metamorfose definitiva". Sem que ela pudesse mesmo imaginar, esse evento serviu como um forte impedimento à apropriação fácil das sequências genéticas humanas pelas gerações demos antigas, no sentido de reforçar as posições da *timé* desse ou daquele "deus".

Devido a isso, Pandora e sua descendente Pirra – que havia emergido para a vida antes da forma humana de Pandora ter sido gerada – foram os maiores problemas da gestão de Zeus, pois, praticamente, limitaram a geração dele, que parou nas descendências existentes até então. Sem que o quisessem, as futuras descendências delas duas decretaram o fim das linhagens *demodhármicas*, nos moldes em que estão estabelecidas até o momento em que estas linhas foram escritas.

Observem como a confusão é grande! Quando o ser

atualmente chamado de "Pandora" era ainda um demo, ele juntou o seu código com o de Epimeteu e gerou Pirra. Todo esse contexto foi realizado em obediência a uma ordem de Zeus, e tal se deu para que este percebesse que seu filho (Kalil Kadmon) estava cumprindo a destinação por ele determinada, junto a Epimeteu, irmão de Prometeu.

Assim, Pirra já emergiu como um tipo de demo muito superior aos demais, pois havia herdado também as "prendas genéticas" dos outros deuses do Olimpo, que foram ofertadas a Kalil Kadmon, que viria a se tornar Pandora.

Na verdade daqueles dias, esse ente (Kalil), em vez de ser infectado – conforme já explicado, isso tinha sido ordenado por Zeus –, saiu enriquecido em termos de CFD, e produziu Pirra com Epimeteu, que era um titã diferente (especial) dos demais porque tomava as suas próprias "poções".

Portanto, Pirra nasceu com um código-fonte definidor pessoal que nenhum demo possuía. Juntou-se a esse fato um outro também determinante, quando Prometeu, para contrariar Zeus, gerou um filho, Deucalião, com o que de melhor ele detinha em termos de código genético titã.

Assim, Deucalião e Pirra, que eram demos sexuados, tornaram-se o que, para nós, humanos, seria "marido e mulher". Eles tiveram vários filhos e filhas que portavam as sequências genéticas mais ricas da "herança" de Caos nos seus códigos-fonte definidores de vida, depois repassadas para o DNA humano – e nesse ponto, estou me referindo aos povos helênicos (os aqueus, jônicos, dóricos e eólicos).

Quando Zeus ficou desconfiado que tinha algo estranho com o endereçamento que ele havia dado aos fatos, visando prejudicar Prometeu e, assim, vingar-se das humilhações e ardis que esse titã lhe impunha, ele pensava:

"Aonde foi parar o infortúnio que deveria, então, estar se manifestando na humanidade composta, no início, pelos 'animais de estimação' de Epimeteu?"

Zeus demorava a perceber os eventos e seus significados, e posto que, nessa época, ele havia punido e aprisionado Prometeu, não tinha com quem conversar e, sozinho, não acompanhava o desenvolvimento das ocorrências.

Milênios mais tarde, quando, por fim, libertou Prometeu, Zeus lhe disse:

— Prometeu, seu filho Deucalião está com Pirra, e eles tiveram filhos. Você está acompanhando isso?

— Como eu poderia acompanhar? – protestou o titã. — Você me colocou preso por muito tempo, no rochedo mais alto.

— Então, o que é que você acha? – insistiu Zeus.

— Eu não acho nada! – respondeu Prometeu, irritado.

Zeus continuou insistindo:

— Nós temos que saber, pois eu quero me apropriar da genética deles.

E Prometeu arrematou:

— Penso que isso não lhe será possível. Seu corpo, de tanto você o metamorfosear, enfraqueceu-se a tal ponto que não tem como você assimilar esses "protocolos humanizados".

De alguma maneira, Zeus percebeu que estava na humanidade a riqueza da gênese da espécie semidivina que um dia ele desejou ter no Olimpo. O problema dele é que tal tesouro estava espalhado na humanidade, e ele não tinha mais controle sobre a mesma, porque os portais se fecharam.

Foi quando Javé começou a atuar, novamente, na descendência da linhagem de Adão e de Eva – os "escolhidos" pelo Criador, lá atrás.

A questão é que os humanos receberam a melhor parte da antiga versão demo, então atualizada, e estavam evoluindo, ao mesmo tempo que o resto da Criação permanecia meio que estacionada nos problemas gerados pelo "caos ancestral".

Devido, principalmente, a essa genética melhorada, por volta dos séculos imediatamente anteriores à era cristã, lá na Grécia – na época em que a cultura helênica (Heleno é um dos filhos de Pirra e de Deucalião e, portanto, neto de Pandora) imperava –, as cidades eram muito evoluídas, vivenciando os jogos ístmicos, píticos, olímpicos e neméicos, enquanto outros povos se divertiam com gladiadores se matando uns aos outros.

As "trevas espirituais", percebendo isso, fizeram com que a Pérsia invadisse a Grécia, de maneira a acabar com a liberdade e a sofisticação gregas.

A Pérsia "foi para cima" (atacou) da Grécia com milhões de soldados mercenários e outros tantos obrigados pela ditadura de Xerxes e de Dario, pois a liberdade grega atrapalhava os planos de Zeus, de Javé, enfim, de todos os deuses que ainda pretendiam controlar os seres humanos.

Os heróis gregos mostrados nos filmes *"Os 300 de Esparta"* e *"300 – A Ascensão do Império"* – se o(a) leitor(a) ainda não os assistiu, veja, pois são muito interessantes –, evidenciam exatamente um período da história em que poucos seres humanos conseguiram resistir a um império terrível, em nome da preservação da liberdade.

Essa é a característica do DNA humano grego, vindo de Pandora, de Pirra, de Deucalião e de Heleno. Nos mercenários dos persas havia o CFD "sujo" – "infectado" pelo código-fonte pessoal de Ares, o perverso filho de Zeus e de Hera – dos demos, misturado ao DNA dos *Homo*.

As pessoas vinculadas ao IEEA (Instituto de Estudos Estratégicos e Alternativos) são os únicos seres humanos com compreensão sobre esse assunto. Somos nós que, atualmente, estamos mantendo a luz, a chama da *satyagraha* que envolve a vida humana.

Que é *satyagraha*?

É a resistência pacífica e amorosa na defesa da verdade, do bem e do belo. É o DNA helênico e pandórico se atualizando com a "Revelação Cósmica".

23

ZEUS E A IMPENSÁVEL "ERA DOS HUMANOS"

ATUALMENTE, Zeus coexiste com um contexto que ele jamais pensou que um dia vivenciaria, ou seja, uma nova era em que os humanos evoluíram, ainda que "encabrestados" (conduzidos) por muitos outros tipos de seres que sequer sabem existir, enquanto eles, os tais autoaclamados superseres, continuam levando suas toscas vidas, só que trancafiados nos *genos*, dos quais não conseguem sair – e é bom mesmo que não saiam até que toda essa história venha a ser esclarecida.

Há cerca de 2700 anos, Zeus ordenou que os humanos modernos e suas novas gerações fossem informados da sua realeza, quando procurou ser apresentado como "pai e rei dos humanos".

As Musas, criadas por Zeus, algumas classes de Ninfas e os grupos de Apolo e de Hermes passaram, desde então, a trabalhar nesse mister – e continuam, uma vez que a *"Teogonia"*, de Hesíodo, foi tão somente o início desse processo.

Quando as tradições orais, ricamente ordenadas em versos, foram transformadas em registros escritos, praticamente isso forçou os humanos a desenvolverem e/ou modernizarem os seus alfabetos.

Dizendo de outra maneira, quando Zeus viu que a predominância dos humanos era inevitável e que herdaram a Terra há cerca de três mil anos, aproximadamente, ele convocou a aristocracia olimpiana para uma reunião, e chamou as Musas, algumas classes de Ninfas e a turma que trabalhava com Apolo, Têmis e Hermes.

Nessa "Assembleia do Olimpo", ele falou:

— Temos que repassar as notícias que queremos para os humanos, de maneira a evitar que eles mesmos decidam o que vão considerar como sendo a versão deles sobre nós. Vamos, portanto, organizar um projeto em que os humanos registrem as informações que lhes daremos, com o propósito de continuarmos com o nosso mandato divino, para que nos tratem como deuses.

Zeus tinha receio de que os humanos perdessem o contato com o poder dos deuses. Então, ele interferiu na humanidade ao "pegar carona" (aproveitar-se) na influência dos descendentes de Pirra, e rendendo-se às evidências dos fatos, utilizou os humanos com as melhores cabeças pensantes, que terminaram por desenvolver o alfabeto grego no âmbito da cultura helênica. E foi assim que, mais tarde, Píndaro, Apolodoro, Sófocles, Eurípedes e outros produziram, nas artes trágicas da dramaturgia grega, todo esse conjunto de notícias que Zeus quis transmitir à humanidade, buscando mostrar o quanto ele era importante.

Ele invadiu, sim, a "Era dos Humanos", mas as religiões que posteriormente foram surgindo, transformaram o seu esforço em nada, numa mera criação literária. Entretanto, foi desse modo que Zeus tentou lidar com a "Era dos Humanos", sendo o seu objetivo o de ser tido como o "deus dos humanos", o "pai dos humanos". Em vez disso, passou a ser considerado lenda, um mito.

Somente quando a Tríade implodiu no ano de 2015, é que a percepção da "verdade inconveniente" de que o universo demo estava se desestruturando, finalmente se estabeleceu no psiquismo das estirpes capazes de compreender, pelo menos, o aspecto mais simplório da questão, como o fato de "estarem perdendo sua casa"!

Prometeu já lhes tinha alertado que havia "construção" (*geno*) demais para pouco "tijolo" ("energia mental com qualidade metamorfoseável"). Por fim, esse seu velho comentário foi compreendido em toda a sua extensão!

Por que Prometeu fez essa afirmação?

Porque esse universo paralelo foi improvisado, e cada demo foi usando a "energia mental" de Caos – o mesmo que a força *Rajas* de Brahma, descrita na mitologia ariana/hindu – para edificar seu *geno*, mas não construíram os "pilares" (bases), pois pensaram que a junção da energia do Criador "caído" com a deles, promoveria os mesmos, naturalmente.

Os demos foram se cansando e as suas "doenças" se tornando mais desagradáveis, ainda que não os matassem, sendo que os "medicamentos" não conseguiam mais fazer efeito, e tudo foi sucumbindo frente a "ação da entropia".

Foi, portanto, com a dissolução da Tríade, levada a efeito entre os anos terrestres de 2015 e 2017, que Caos, Eros e Tártar assumiram a falência da sua preponderância, e desde então, todos os demos aceitaram o fato de que a "casa deles está caindo, literalmente, sobre suas cabeças". Como pensavam ser imortais, o choque foi e está sendo enorme para eles!

Nestes tempos atuais, desesperado, Zeus procura um jeito de construir um "projeto de migração" dos demos, mais especificamente do seu quartel-general, a exemplo do movimento inverso que Yel Luzbel (Lúcifer) fez há cerca de 50 mil anos, conforme descrito na trilogia *"Terra Atlantis"*[1].

Yel Luzbel saiu da faixa dimensional do nosso universo com seu quartel-general, como maneira de se proteger, numa dimensão simultânea, das hostes de Sophia, que ele pensava desejarem prendê-lo. Zeus precisa trazer os seus pares mais chegados e quem mais for possível vir da faixa dimensional do universo vizinho para o nosso, porque tudo por lá vai se acabar.

Para o "Rei do Olimpo" tem sido inacreditável e mesmo inaceitável que tenha sobrado para o seu *telos* a missão inglória de gerir mais essa etapa do caos, aspecto que ele somente parece compreender na atualidade.

É função dele descobrir um jeito de trazer os demos para cá. Em tese, ele dispõe de duas maneiras que poderiam ser consideradas exequíveis, mas, na verdade, existem três.

A mais simples é a de tentar invadir o nosso universo, como costumavam fazer quando da época em que os portais estavam abertos.

Uma outra é eles migrarem como Espíritos, caso morram, mas eles vão demorar muito a fenecer – os nossos Espíritos nascerão e renascerão várias vezes neste "joguinho biológico" (em corpos transitórios biológicos), e eles ainda estarão lá.

Os demos estão tentando criar um mecanismo de vinda, e cada *geno* – não somente o Olimpo, chefiado por Zeus – vai procurar descobrir um modo de realizar esse intento. Eles estão estudando o "como fazer", e ainda têm milhares de anos ou milhões de anos para tanto. Eu não posso falar muito sobre isso, pois é meio complicado!

Se o(a) leitor(a) quiser ter uma noção mais precisa do

vislumbre de um amanhã possível, o qual tento produzir neste livro, deve procurar assistir a um filme cujo título é *"Aniquilação"*, e que é meio desagradável, pois apresenta elementos que mostram uma "morada" paralela invadindo a nossa realidade.

Ainda que Zeus seja rei de uma "Confederação de *Genos"*, não é nenhum desses, afeitos à sua liderança, que se encontra mais na vanguarda desse "processo de invasão" – se, por isso, admitirmos certa semelhança com o enredo do referido filme.

O advento (aparecimento) de Sophia vai ser o "marco inicial" da gestão dele (do "Comandante Cósmico") neste universo biológico, no qual ele já existe há cerca de um pouco mais de cinco bilhões de anos. Entretanto, esse será apenas um "gesto político", um tipo de coreografia para os terráqueos e adjacências verem, posto que os eventos mais complexos aconteceram e estão acontecendo na Terra. Desse modo, ocorrerá o fato dele "renovar os seus circuitos" (mostrar-se com suas Hostes e naves), apondo-os como sendo a única opção de gestão que poderia, em tese, organizar esse "fluxo" – que não se sabe, na atualidade, se conseguirá ou não se realizar. Todos têm que se preparar para essa migração dos seres extrafísicos, e não existe uma "opção B", no nosso universo, que tenha, vamos dizer, *"timé"* portentosa para tanto – apenas Sophia a possui.

Sei que não deveria usar essa expressão *"timé"*, que somente representa o contéxto demo e seus impérios, mas não tenho outra ou nada parecido com o conceito vigente no modo de pensar desses seres, seja Zeus ou Sophia e suas respectivas aristocracias.

Sophia vai aparecer para os terráqueos porque a gestão dele é neste universo. Já a confusão do universo demo tem o *avatar* Krishna, Zeus e outros que disputam a gestão de lá – e ninguém sabe como isso vai acabar!

Sophia e Krishna ainda precisam, ao longo dos próximos milênios, construir um tipo de "ponte" entre estes dois universos (terceira maneira). No entanto, essa "conexão" vai depender do que três ou quatro seres humanos fizerem ao longo deste século XXI, após a vinda de Sophia, como possível preparativo desse processo. Preciso deixar esse registro, mas não posso me referir mais claramente aos fatos porque dependem dos desdobramentos, do que acontecer, das missões de algumas figuras, e eu não posso falar nem delas nem por elas, ainda que o Espírito daquele que foi Sai Baba me solicite isso.

Esse cenário tem a ver com o futuro trabalho do "Quarto Logos"[2], associado a uma possível atitude da próxima encarnação do Espírito que animou Sai Baba.

Contudo, essas perspectivas não são boas no geral, o que implica que essa transmigração, essa migração dos seres demos para o nosso universo, se é que vai efetivamente acontecer, deve causar problemas lá na frente.

Sinceramente, não sei se essas "conexões-pontes" serão instaladas unindo esse outro lado com a Terra, nos moldes da *Yggdrasil* ancestral, mas o provável é que, caso consigam estabelecer essas novas *"bifrost"*, isso será feito apoiado na especiação do *Homo sapiens sapiens,* quando já existirem humanos vivendo em Marte, na Lua, em Titã, em Europa, ou em naves espalhadas por este universo material.

Ainda que não consigam, mesmo as tentativas já em curso vão causar muitas perturbações no velho planeta azul, que os humanos acham que é deles – na verdade, pelo menos um pouco mais de dez estirpes mais antigas que esta humanidade também pensam o mesmo.

Entendo que somente as *lokas* (*genos*) que não conseguirem muita tecnologia é que optarão por vir para a Terra. Por quê? Porque nós estamos "infectados" por crenças absurdas e infantis. Entretanto, os seres humanos que saírem deste planeta e que conseguirem começar uma colônia em outros lugares, provavelmente o farão sem essa "infecção", e talvez, para os seres extrafísicos, seja mais viável estabelecer uma "ponte" com esses núcleos de humanos avançados, do que com as linhagens que compõem o "rebanho humano" e que ficarão na Terra. Os problemas ambientais por aqui também interferirão no que os demos tentarão fazer.

No momento, o nosso amigo Zeus está procurando mapear todas as Ex-consciências demos já migradas para cá, e que, agora, encontram-se existindo como seres humanos. Por enquanto, trata-se apenas de um mapeamento, mas é para elas servirem de conexão-ponte, provavelmente.

Conexão-ponte de quê?

Quanto a essa questão, terei que especular! Imaginemos que um alguém próximo a Zeus, já não mais exista no Olimpo, pois morreu para a condição demo, e o seu Espírito está destinado a animar um ser humano. Obviamente, nos últimos tempos, ele sabe que existe uma Espiritualidade, ainda que não a observe diretamente, como também tem conhecimento, desde há muito, dos milhões de bases de plasma das sequências do código-fonte definidor pessoal de seu ex-companheiro. Ele já percebeu que se milhões de bases nitrogenadas (códons) dessas sequências dele conheci-das, oriundas do espermatozoide de um determinado homem e do óvulo de uma certa mulher, aqui, na Terra, forem reunidas ao fazer com que esse homem e essa mulher transem, a Consciência Espiritual que vai surgir na condição humana, segundo a lógica dele, será a do seu velho associado demo.

Então, a descendência dessa pessoa (e ela própria) poderá ser contactada por eles, no sentido de se tornarem cientistas e edificarem um portal que os permita virem para cá. Dá para entender um plano desse?

Será crível que isso possa ocorrer? Pois saiba que já está acontecendo, e os seres humanos que são produtos desse tipo de processo não têm a mais remota ideia do que estão fazendo nem do motivo pelo qual desenvolvem os seus experimentos.

Isso se chama "vida cósmica-espiritual" em pleno caos e desespero de sobrevivência a qualquer custo, o antigo problema da maneira de ser do Criador "caído" (Caos), registrado no seu próprio código de vida.

Nesta Criação de Caos, tudo é muito complexo e demanda tempo, porque o "jogo do progresso" que, lentamente, afasta-se da "podridão original" – no livro *"A 'Escola da Decifração da Realidade' e o 'Método Dru'Uid Ancestral'"*[3], abordo a questão da "Podridão Unicelular Primordial" –, dá-se de modo empírico, na base do erro e do acerto, uma vez que ninguém sabe exatamente a "fórmula de consertar" esta Obra "frustrada".

Os cientistas dizem que o gênero *Homo*, com suas diversas espécies – das quais a *Homo sapiens* é somente uma delas –, emergiu há mais de dois milhões e quinhentos mil anos, a partir dos hominídeos dos gêneros ancestrais *Australopithecus* e *Ardipithecus*, dentre outros que surgiram, aqui, neste planeta. Imaginem o que significa passar um longo tempo sem acontecer nada na Terra em termos evolutivos significativos, a não ser bichos existindo até que, em determinado momento, um deles, "ops", teve um *insight* de pegar um pedaço de pau para coçar as costas ou para bater noutro animal!

O universo sempre esteve desgraçado e continua assim – por mais belo que, ao longe, algumas de suas paisagens possam nos parecer –, porque ele não pode apressar as mudanças.

Ele é um organismo que sobrevive esperando algo, e esse algo é **uma inteligência que o reordene**, que lhe dê um ressignificado. Este universo foi desditosamente criado vinculado a uma mente que "faliu" e que é "demente", e que também tem uma descendência de "dementes" em todos os ramos da sua "árvore evolutiva", sendo a dos humanos, por enquanto, a única exceção – assim dizem os mais lúcidos desses seres demos, o que não é o caso de Zeus.

Portanto, eles estão esperando que surjam sequências genéticas que sejam úteis à "criação de algorítimos" neles, mas que tenham relação de semelhança, de maneira que haja uma ressonância magnética que implique a possibilidade de uma futura vinculação do Espírito desejado a um determinado corpo. No momento em que isso acontece, é que planos são possíveis de ser feitos e sonhos podem ser levados adiante.

O universo chegou num ponto de complexidade máxima devido aos seres humanos que surgiram e à compreensão que, agora, nós, vinculados ao IEEA, estamos tendo, ainda que esse entendimento seja de apenas uns duzentos "malucos" no meio de sete bilhões de pessoas que estão mais interessados em ir à missa, usar "flanelinha de Jesus" para pagar dívida em banco, e obter o suor do apóstolo Apolinário, que curou câncer – ou seja, essas "facilidades" garantidas pelos "carnês divinos da felicidade".

Os humanos não "fazem ideia" (imaginam) do quanto

alguns *genos* (*lokas*) que já perceberam o problema da desconstituição do universo antimaterial lá atrás, antes de Zeus, esforçam-se por produzir um modo típico de migração dos seus habitantes para alguns pontos específicos do universo biológico, no qual vivemos.

Nós não temos noção do que já está em curso!

Zeus e a turma do Olimpo ainda vão começar, efetivamente, a tentar os "saltos" (transferências) de Consciências, mas alguns *genos* já iniciaram isso antes, porque tinham um "grau de demência" menor, não estavam no foco dos acontecimentos nem disputando nada, e portanto, puderam perceber o referido problema, movimentando-se lá atrás, enquanto as gerações demos "amalucadas" se confrontavam o tempo todo.

Já existe algo em andamento nessa história, porém não sabemos exatamente do quê se trata. É melhor desconhecermos, mesmo porque, infelizmente, quem primeiro terá conhecimento disso, são os governos do mundo, a não ser que surjam processos, como o aventado no filme *"Aniquilação"*, que transcendam os poderes instituídos, uma vez que todo mundo termina percebendo algo. É similar à volta de Sophia, a qual não terá governo que encubra, pois todos, na Terra, presenciarão. Não há como os governantes encobrirem esse tipo de evento!

O Olimpo é uma das últimas "Confederações de *Genos*" a perceber e aceitar a migração dos seus pares como inevitável. No caso deles, como há muito tempo estão presos às vibrações dos terráqueos, o único destino que enxergam é a Terra, diferente de outros *genos* que estão fazendo "ponte" com outros lugares deste universo.

Presumivelmente, as futuras gerações humanas terão que voltar a conviver com os "seres dos portais" – é assim que eu os denomino na trilogia *"Terra Atlantis"*, porque foi esse o nome que os biodemos "rebeldes" (os Val, Yel, e de outras famílias) utilizavam para esses entes, na época, posto que ninguém sabia como classificá-los. Eram, então, chamados de "seres dos portais" porque apareciam e desapareciam próximo àqueles vórtices, sem que alguém soubesse muito bem como aquilo se dava.

No presente livro, procurei elencar uns dez a doze problemas na gestão de Zeus, mas são milhares, dos mais complexos aos mais simples, e nenhum deles é agradável, bonito ou decente. E Zeus "me mostrou" essa sua agenda para verificar como é que eu reagiria ao tomar conhecimento dela.

São crimes sendo cometidos, mas assim é para a lógica humana, pois quem os praticou não os percebe dessa maneira. Esse é o "drama" desta Criação e, portanto, deste universo"! Infelizmente, uma outra fase desta história está somente começando, e ela está sendo chamada "Era dos Humanos", tal qual nomeada na obra de Tolkien[4], no final do *"Senhor dos Anéis"*. Conforme afirmei numa palestra que fiz sobre a obra inacabada de Tolkien, nenhuma mitologia apontou esse aspecto com tanta propriedade.

Que falta faz aos humanos uma consciência como a de Tolkien!

24

ZEUS E PROMETEU: A PARCERIA IMPENSÁVEL!

DESDE QUE FOI ENTRONIZADO como o "Rei dos Deuses", Zeus foi tendo a surpresa da imperiosa noção de limite com a qual os demos ainda não aprenderam a lidar. Por isso, "faliram" com as suas vidas, posto que nunca souberam dosar os seus esforços em algo produtivo e os desperdiçaram em confrontos estéreis, nos quais as aparentes vitórias apenas produziram problemas e enfraquecimento.

Superar e aprisionar as gerações mais velhas dos demos, jamais constituiu tarefa fácil, e Zeus foi o "mestre" que, dentre os inábeis, menos errou nesse traço comportamental, sabendo colocar cada um deles em lugares e situações que os impediam de ataques traiçoeiros. Desse modo, até esses tempos atuais, ele se manteve como o "soberano" da maioria das "moradas" desse universo vizinho.

Zeus também se preparou para ser o soberano da Terra e de outras partes desta galáxia, ainda que soubesse que existia um ser biológico (Sophia) engendrado pelos "Deuses Primordiais" para exercer essa função neste universo, até os seus momentos finais. Surpreendeu-se ao perceber que os animais humanos, recentemente racionalizados, herdaram o seu "almejado reino" (a Terra) e se assustou quando os dois portais que dispunha para transitar entre os dois universos, começaram a se fechar sem maiores avisos.

Muito recentemente, "foi à loucura" (delirou) ao se certificar que o universo em que vive está com seus dias contados, o que encurtará a vida de todas as espécies de seres demoníacos nele existentes.

Com o seu lar e os seus corpos em padecimentos constantes de desgaste e desconforto, o "Rei do Olimpo" atinou, finalmente, que lhe cabe promover a mais desesperada das tentativas no sentido de se transferir para o universo de cá, acompanhado de seus pares. Como proceder? Ele não sabe!

Nesse aspecto do contexto, é que sempre aparece a figura de protagonista de Prometeu e de outros mais lúcidos que, atualmente, existem no Olimpo.

E por isso, convido você, leitor(a), a refletir um pouco mais sobre Zeus e Prometeu.

Por que será que as atuais gerações humanas estão sendo meio que obrigadas a retomar alguns temas, os quais, para a quase totalidade da humanidade, são considerados como lenda ou mito? Por que tantos filmes, séries e livros sobre isso? E o mais curioso: por que fazem tanto sucesso?

Efetivamente, se tudo que consideramos como lenda e mito for tremendamente real, quão maravilhoso ou assustador isso poderá ser?

A questão é que a humanidade teve essas "férias" de, durante alguns séculos ou milênios, não ser obrigada a tratar esse assunto a sério, de poder se livrar do conhecimento de que, a "um palmo do nosso nariz" (bem próximo e oculto), situa-se um outro nível existencial, um outro universo, em que seres que lá existem nos espreitam, agridem, roubam e usam como cobaias, e no final, são uma multidão de entes medíocres e desesperados.

No meio desse contexto impensável, uma **dupla que sempre viveu em disputas de toda ordem, terminou sendo responsável pelo tipo de vida humana que conhecemos.**

Zeus e Prometeu, de fato, ainda estão vivos, tão ou mais que nós, e de certo modo, eles se sentem "donos do processo" que trouxe a humanidade terrestre até aqui.

Eu não deveria fazer essa aproximação conceitual, mas, de novo, não tenho maiores alternativas e, por isso, afirmo que Prometeu é um demo algo estoico (resignado), que enxerga finalidades no *telos* do seu destino, das quais ele mesmo se surpreende, pois, conforme afirma, parecem não ser dele, posto que fluem pela sua consciência.

Da confusão entre eles, nasceu um grande mistério a respeito do "fogo" que Prometeu segura nas mãos, em algumas gravuras, que nem os estudiosos da mitologia grega conseguem entender.

Muitas interpretações são dadas a esse "fogo" que Prometeu deu aos humanos, porém, **o que este titã fez entre os olimpianos, terminou produzindo a racionalidade humana**, sendo Pandora tão somente o instrumento que, habilmente, ele usou para fazer um experimento e ver no que dava!

Sob essa premissa, nós, humanos, somos racionais porque, devido à briga de Zeus e Prometeu, o primeiro tomou determinadas atitudes, o outro reagiu, e o subproduto disso tudo foi o encapsulamento, nos corpos de Pandora, Pirra e Deucalião, de uma série de sequências genéticas não humanas misturadas, que terminaram, quando chegando na humanidade, reproduzindo o que, atualmente, responde pelos padrões psíquico, intelectivo e emocional humanos.

Na verdade, o "fogo" que Prometeu trouxe dos "céus" para a Terra, foi a continuação do desenvolvimento de uma vida inteligente e racionalizada. No entanto, esse trabalho de Prometeu superou tudo o que se esperava, e o próprio Zeus ficou totalmente estupefato (espantado), sem entender direito o que estava em curso.

Há duas perspectivas a serem observadas no contexto que envolve o universo físico-biológico e o universo extrafísico-paralelo-antimaterial-demo, que são as mutações modificativas e descontínuas que ocorreram neles, tendo profunda influência no que nós – homens e mulheres deste mundo – somos, na atualidade.

Lá atrás, Yel Luzbel "destravou" o cérebro biodemo, e as decorrências disso ainda serão melhor compreendidas no futuro.

Uma dessas modificações descontínuas tem a ver com o que Enki – um Nephelin (linguagem suméria) ou Anunnaki (linguagem acadiana) –, mais sua irmã e um outro ente realizaram há cerca de 48 mil anos, tomando casais de humanos ainda não de todo racionalizados e mexendo na genética deles.

Enquanto isso, no lado extrafísico, a modificação que Prometeu, Epimeteu e Pandora fizeram nesta última, redundou numa "transferência de fase" especial, quando Kalil Kadmon deixou de ser demo e se tornou humana (surgimento de Pandora) – eles também aplicaram um outro processo em Pirra.

Nesse momento da história, essas duas correntes de manipulação genética (ou de mutação genética) convergiram. Primeiramente, os olimpianos mexeram na genética do demo Kalil, ao lhe acrescentarem um *kadmon* e, depois, ainda houve a alteração genética de Kalil Kadmon por meio das "poções" de Epimeteu, ingeridas sob a orientação de Prometeu, e que também tinham a ver com a busca de sequências genéticas que proporcionassem certa liberdade. Mais tarde, Kalil Kadmon se metamorfoseou em mulher (Pandora). A partir das transas da humana Pandora com determinados humanos mexidos por Enki, houve uma misturada (uma hibridagem) absolutamente "maluca" (diferente e especial), que terminou gerando a humanidade atual.

Caos e seus anjos ainda tomaram de um casal humano (Adão e Eva), como maneira de deter esse processo, mas a tal da "serpente" reavivou (exaltou) ainda mais a questão da liberdade humana, por meio de Eva.

Essa Criação é tão estranha que, aparentemente, para as situações darem certo – se, efetivamente, for esse o caso – uma parceria improvável entre seres que não se gostam teria produzido o impensável, ou seja, a solução para o problema da "demência" do Criador "caído" e de toda a sua descendência.

Outro aspecto é o de que Prometeu e Zeus tinham tudo para jamais sustentarem parceria nenhuma. Eles foram "inimigos" durante muito tempo, e mesmo passando a conviver de maneira mais constante, nunca se tornaram amigos no sentido humano do termo, apenas se suportavam, porque nenhum deles conseguia destruir o outro. No entanto, agora, existe uma parceria impensável deles dois em torno da natureza humana da espécie terráquea – e isso é curioso e mesmo impressionante!

O espantoso é que a fé simplória das pessoas crê que Deus está no comando!

É melhor mesmo que acreditem nisso, para poderem continuar suportando as dificuldades da vida!

DIÁLOGO INUSITADO

Encontrava-me fazendo uma leitura final do livro, antes de enviá-lo para a revisão e editoração, quando, de maneira surpreendente, o portentoso ser que se me apresentou novamente como Zeus, esforçou-se para deixar clara a sua insatisfação com o presente trabalho:

— Não me reconheço neste ser que você descreveu! Cá estamos, no final do processo que lhe pedi, mas não estou a me relacionar bem com esta sua descrição.

— Quando você se relacionou bem com algo, nesse sentido? – perguntei-lhe. — Você desgraçou algumas Musas e Ninfas e também o humano Hesíodo, por ter-lhes encomendado uma epifania que eles executaram, porém, no final, você os agrediu! Por que você mesmo não a fez ou não a faz agora?

— Você sabe que preciso do concurso de humanos para tanto – respondeu Zeus.

— Então, acostume-se ao aspecto inevitável de que a opinião humana sobre você pode ser bem diferente da maneira como você mesmo se avalia – observei. — Não pode ser igual! Ponto final! Descrevi e ressaltei seus méritos, sua liderança inegável, sua boa intenção, aspectos que o distinguem positivamente em relação aos seus predecessores, dentre outras questões.

— Sim, mas não era bem isso que eu lhe pedi para escrever e lhe ditei... – reclamou ele.

— Bem, quando eu me encontrava escrevendo *"O Drama Cósmico de Javé"*, este Ser também pensava estar me ditando o que coloquei no livro sobre ele, mas, na verdade, foram alguns dos seus anjos que me passaram certas informações que interpretei ao meu jeito, explanação esta que ele não gostou e me agrediu – argumentei. — Com você também se deu uma situação semelhante!

— Então, este livro sobre o Olimpo foi um ardil de Prometeu, pois ele também cuidou de fazer algo parecido no tempo de Hesíodo – concluiu o ser portentoso. — Isso não é justo para comigo! Vou...

— Quando é que você vai compreender que o que é ou deixa de ser, o que parece ser ou não parece ser, carece de importância para o problema real que todos enfrentamos? – indaguei. — A pior dificuldade da "demência" penso ser a incapacidade de se distinguir as questões essenciais das acessórias, sem importância, e você, seja lá quem você efetivamente for, prende a sua atenção a intrigas sem fim, mas sempre foi incapaz de detectar os problemas efetivos e solucioná-los. Caos, os demais ancestrais e você padecem dessa mesma incompetência na gestão das suas vidas, se é que isso é, de fato, vida!

— Não me venha com suas lições tardias e generalistas... – começou Zeus a protestar.

— Você é que não deveria ter vindo atrás de mim – alertei. — Aproveite e me deixe em paz, pois jamais dei nenhum passo na sua direção.

— Precisamos do seu concurso e do de outros humanos... – explicou ele.

— Então, acostumem-se ao fato de que os humanos, quando querem, podem ser livres e se conduzir conforme seus próprios critérios – comentei.

— Vocês escrevem livros psicografados, ou seja, ditados por outras inteligências, apenas canalizando as informações – afirmou Zeus. — Por que você não procede dessa maneira comigo?

— Devido à "demência" de vocês, pois apenas registraria o repasse de bobagens, e não há sentido ou função em tal tipo de produção – esclareci.

— Isso é somente a sua opinião e... – argumentou ele.

— Nesse caso, vamos nos poupar, e me permita lhe dizer que, simplesmente, não quero e não vou fazer – desabafei. — Você me entende?

— Sim, mas não aceito! – falou ele.

— E o que é que você vai fazer a respeito disso? – perguntei.

— Não sei, mas vou insistir até que você me atenda – respondeu Zeus.

— Já que você insiste, explique-me, então, qual o motivo de, nas inúmeras vezes que tentei parar com a produção desses livros e palestras que realizo, vocês me infernizarem a vida para que eu continue a fazê-los? – questionei. — O mais fácil seria vocês me pararem. Por que não me impedem? Esse mesmo "blá-blá-blá", ou seja, essa conversa sem objetivo definido, também a escutei de Caos, que nunca gostou do que escrevi e falei, e mesmo podendo me destruir e me bloquear, nada fez nesse sentido, ainda que tenha discordado do que divulgo como sendo a presente revelação. Tenham alguma dignidade e me deixem parar com esse processo! Isso é muito difícil para vocês?

— Infelizmente, assim parece – declarou Zeus. — Desde que vocês, humanos, surgiram, tentamos viver sem vocês, porém, agora, isso não nos é possível. Percebe? Não é que gostemos, mas precisamos! A questão é que gostaríamos de escutar de vocês o que nos agrada e não o que nos incomoda. Paciência!

— Segundo alguns dentre nós, você nos qualifica como seres mentalmente prejudicados em termos de consciência compreensiva, crítica e emocional, mas quem é você para nos dizer isso? – questionou ele. — Para nós, somente um ser poderia nos fazer tal crítica, pois isso seria tão somente a reafir- mação de uma tese dos "Deuses Primordiais" nos primeiros tempos do reinado de Caos. Sabemos que essa sua face é a dele, e por isso não podemos pará-lo. Confesso achar que, mesmo se quiséssemos, não conseguiríamos, posto que alguns daqui já tentaram e, ainda que a sua vontade humana deseje a derrota pelo vetor que o confronta, surge, sabe-se lá de onde, uma "força" que o move e você segue conosco nesse processo de redimensionamento que nos incomoda e ao mesmo tempo nos instiga e nos mantêm despertos. Somente a cessação do funcio- namento do seu corpo humano poderá parar esse processo.

— Isso é óbvio, e diante dos sinais do meu corpo, já me preparei várias vezes para deixar a vida terrena, porém, na hora "H", algo acontece que o revive e, como você diz, cá estou eu ainda em movimento – concordei. — Contudo, estimo que seja por pouco tempo!

— Esperemos que não, pois sempre, nessas ocasiões, a "força" que quer mantê-lo ativo, enquanto ser humano, tem prevalecido contra as que desejam lhe dar um fim – declarou Zeus. — Até os que não gostam de você, aqui, no Olimpo, agem no sentido de mantê-lo vivo.

— Agora, sou eu que digo: ai de mim! – comentei.

— Você está me imitando! – protestou ele.

— Sim, estou! – confirmei.

— Então, é Prometeu quem lhe informa o meu proceder, pois ele é quem faz esse tipo de imitação jocosa a meu respeito – concluiu Zeus.

— O que eu soube foi que você começou a usar esse tipo de expressão quando a escutou de Caos, na ocasião em que você o acusou de ser o responsável pelos superpoderes de Ravana – expliquei. — Você assim procedeu exatamente no sentido de ser jocoso para com o Criador.

— Confesso que sim! – disse ele.

— Essa é uma expressão comum, pois muitas pessoas, aqui, na Terra, costumam dizer *"ai, meu Deus!"* – comentei.

— E seria o mesmo que *"ai, de mim"*? – questionou o "Rei do Olimpo".

— No fundo, sim! – respondi. — Trata-se apenas de uma exclamação no campo da lamentação, que significa "infeliz de mim".

— Espero que você esteja certo! – exclamou ele.

— Sobre o quê? – perguntei.

— A respeito desse Deus que você diz existir para além da "blindagem"[1] que nos sufoca agora – falou Zeus. — É uma esperança!

— E desde quando vocês têm esperança? – duvidei.

Após um período longo de tempo em silêncio, no qual imaginei que a comunicação estava mesmo encerrada, dele escutei:

— Desde que Pandora passou a personificá-la! – revelou o "Deus dos Deuses".

— Finalmente, você me diz algo interessante! – exclamei.

— Vamos encerrar, que é melhor! – despediu-se ele.

E lá se foi Zeus com seus mistérios e inquietações, mas não sem antes, por um inusitado gesto de humor ou pelo seu velho hábito no campo da lamentação, dizer: *"ai, meu Deus!"* – isso penso ter escutado dele!

Numa outra oportunidade, essa conversa foi retomada por mais algum tempo, até que o deixei em puro monólogo sobre o que ele havia dito sobre Pandora, mas confesso não ter entendido muito o que ele expressou, e por isso não a retransmitirei neste livro.

PERGUNTAS INTERESSANTES

1ª. A GERAÇÃO DE ZEUS FOI A PRIMEIRA DENTRE OS DEMOS A TER A FORMA HUMANOIDE?

Existe uma gama de estirpes que compuseram a transição dos titãs (formas corporais múltiplas e algumas humanoides) para a geração de Zeus, que tem a forma humanoide como a mais presente nas metamorfoses que lhes são comuns, porque essa aparência vinha sendo trabalhada, já existindo nos projetos primordiais de alguns seres.

Os traços humanos se fixaram melhor e mais fortemente a partir dos olimpianos, porque estes últimos se apaixonaram pelos humanos, o que os levou a se antropomorfizarem na medida em que Zeus tomou a decisão de se misturar, de permitir sexo com os humanos, com o objetivo de criar descendência na Terra, por questões da *timé* de cada "deus".

2ª. COMO ENCONTRAR MAIS INFORMAÇÕES SOBRE PIRRA?

Não existem outras informações disponíveis sobre Pirra, porque, num certo momento, quando estava furioso, Zeus mandou destruí-las.

Quando ele ainda achava que poderia apropriar as conquistas genéticas de Pirra e dos descendentes dela no seu próprio CFD, chegou a pensar que edificar novas gerações de humanos seria a solução para o seu legado. Foi quando isso teve um presumível início – que não foi adiante – com um tipo específico de semideuses, posto que foi arrasado por um dilúvio menor, na época de Pirra e Deucalião. Naquela ocasião, Prometeu usou esse dilúvio – que não foi o "dilúvio bíblico", mas um localizado – para esconder Pirra, Deucalião e alguns de seus descendentes, de um provável ataque de Zeus.

Mais tarde, Zeus tentou ter relações sexuais com Pirra, e esse episódio passou a ser o foco de uma versão histórica/mitológica de que teria tido filhos com ela, somente para, assim, poder afirmar que possuía alguma ascendência sobre a espécie humana derivada de Pirra, e se apropriar dos eventos que envolvem Pandora. Tem muita loucura nessa história!

Esse dilúvio local que aconteceu em torno do Mar Negro e do Mar Cáspio, também destruiu vários registros dos descendentes de Pirra que, então, haviam. Em resumo, não sobrou nada daqueles tempos, ainda que existam muitas evidências soterradas e também sob a água. Apesar disso, Pirra está viva, vivíssima, e por sinal, habita num *geno* muito bem preservado, e os seres de lá estão esperando para ver o que os humanos vão conseguir fazer ao longo desses próximos séculos.

3ª. O EGO HUMANO TEM ESPAÇO PARA SE REBELAR COM RELAÇÃO AO CONTROLE QUE OS DEMOS TENTAM EXERCER SOBRE O MESMO?

Muito pequeno, mas precisa ser percebido, valorizado e preenchido pela atitude mental do nosso "Eu" humano, mas de maneira elevada.

O nosso ego, dependendo da opção psíquica que faça, ou ele passa a "doença" desses demos para a frente, ou se liberta dela.

Em caso de se libertar – e tal somente se dá pelo descortinamento do sistema existencial que nos aprisiona –, ele tem o caminho da rebeldia estéril, em que cria um outro tipo de problema horrível para ele mesmo, ou elege a opção da emancipação sábia. Não é somente o caso de você se livrar da prisão psíquica da "matrix", mas de como direcionar o pensamento o tempo todo.

Às vezes, é melhor você continuar na "pílula azul", vivendo a sua vida sem saber que há uma "mão invisível" mexendo com você nesse ou naquele sentido, para atender esse ou aquele objetivo do seu "programa encarnatório" existente na sua "agenda espiritual", e que nem sempre coincide com as conveniências do ego humano.

Por trás de cada par de olhos de um ser humano, quem de fato existe é o poder que criou este universo e que tenta entender a si mesmo por meio do modo de pensar humano, porque o seu próprio jeito de pensar "faliu" lá atrás, no momento da sua "queda mental".

Até agora, isso é um assunto complicado para os demos,

porque também representam esse mesmo problema, ainda que numa fase anterior e mais primitiva, sendo que terão que se fazer humanos no futuro. Eles não têm alternativa! Perderão os corpos demo deles, que fenecerão.

Um corpo demo demora, porém morre, e o Espírito se liberta dele. Dependendo das marcas que ele tenha, virá para este universo biológico. E os demos querem vir diretamente para a humanidade, porque sabem que somos a última espécie a ser criada, e por isso o nosso DNA é o mais avançado, mais complexo e o menos "doente" de todos os que surgiram antes.

4ª. QUANTO AOS ESPÍRITOS DOS DEMOS QUE JÁ SE LIBERTARAM DAQUELA CONDIÇÃO E, AGORA, ESTÃO ENCARNADOS COMO HUMANOS, A MORTE DELES FOI PREMEDITADA, FOI UMA AJUDA OU FOI UM MERO ACONTECIMENTO EM ALGUM MOMENTO DESSE PASSADO?

Há duas respostas possíveis para essa pergunta, sendo uma politicamente correta e a outra, não.

A politicamente correta é a de que tudo ocorre a seu tempo, e portanto, finalmente, esses demos estão morrendo, mas é porque eles já existem há bilhões, milhões de anos, ainda que a geração de Zeus, por ser a mais nova, somente existe há milhares de anos.

Os mais velhos são os mais "doentes", o que é natural dentro da ótica deles, em que todos os demos são "medicados". Brahma/Javé apresenta todas as "doenças" que alguém pode ter. Quando ele gerou seus anjos-clones, repassou poder para eles, mas também receberam "doenças". E isso chegou nos demos, por meio de Shiva – que é o "pai-mãe" dos demos –, e, então, eles começaram a criar "medicamentos" para diminuir as "doenças" que, inevitavelmente, eclodiam neles. Foram se "medicando" como podiam, frente a todos os "tipos de câncer" dos quais padecem.

Não há uma só doença que o ser humano já tenha tido que os demos não a tenham. Não temos doenças novas, pois tudo veio do antigo código de vida deles para cá, por meio do *nidana* – que é o velho código-fonte definidor de vida demo, adaptado à condição biológica e jogado nos mundos deste universo como a "molécula-mãe" que, no caso da Terra, foi colocada aqui há uns 3,8 bilhões de anos, com o DNA que nos define.

Aconteceu, então, uma nova forma de vida, a biológica, aonde o sexo também surgiu, fazendo com que duas células se encontrassem e, com isso, diminuísse a possibilidade de eclosão de doenças – e é por esse motivo que o nosso DNA é apenas cerca de 2 a 3% ativo, sendo o restante considerado "DNA amortecido" (antes tido como "DNA-lixo"). Todas as doenças existem no DNA, mas, na condição biológica, isso está amortizado, podendo eclodir ou não, dependendo da atitude mental da pessoa ou das circunstâncias da vida.

Os demos, porém, jamais tiveram ou têm essa opção, pois o CFD deles é aberto (bastante ativado), sendo consequentemente "doente", e por isso eles são "dementes". Mais cedo ou mais tarde, a morte corporal chega para eles, mas muito lentamente, a exemplo de um "mal de Alzheimer" prolongado.

Nós, humanos, temos todas as doenças atavicamente marcadas no nosso DNA, mas a nossa atitude psíquica é que comanda o processo de ativação ou não das mesmas – daí a importância da meditação e da arte da respiração, que controla isso tudo no DNA. Entretanto, quando a pessoa não comanda a sua interação com o que, inevitavelmente, encontra-se posto como sendo a realidade, as circunstâncias da vida controlam esse processo – que é o que, geralmente, acontece com a quase totalidade dos seres vivos biológicos.

Então, no que se refere aos demos, eles são dependentes de "medicamentos" de uma maneira que não imaginamos. No entanto, como eles se metamorfoseiam de vez em quando – porque não possuem padrão psíquico determinado e se modificam, pois o CFD deles é um tipo de código genético "doente", não compactado num padrão de personalidade, por ser desorganizado totalmente –, e isso vai desgastando, desgastando, até que mata o aglomerado de moléculas plasmadas que compõem o corpo individualizado deles.

Quando esse tipo de corpo é liquidado pela "entropia" comum ao universo vizinho, o Espírito sai dele de modo similar ao que se dá quando a entropia mata o nosso corpo biológico e o nosso Espírito também se livra da transitoriedade. Essa é a resposta politicamente correta!

A politicamente incorreta baseia-se no fato de que as populações de alguns *genos* estão pensando em praticar suicídio coletivo, como repúdio a Caos. Se eles executarem esse plano, certamente se complicarão ainda mais, pois o suicídio, seja aqui ou aonde for, provoca situações vibratórias terríveis no Espírito, o que torna mais difícil uma futura "imantação" dele em corpos avançados. O problema é que, infelizmente, esse processo já começou!

5ª) HÁ UMA ESPIRITUALIDADE ESPECÍFICA PARA DEMOS, OU SEJA, AMBIENTES ESPIRITUAIS NOS QUAIS OS SEUS ESPÍRITOS EFETIVAMENTE HABITAM?

No princípio, era a mesma Espiritualidade dos humanos, porém, com o passar dos evos desde o início desta Criação, os fenômenos das vidas curtas e das mortes resultantes somente começaram mais recentemente, o que exigiu a criação de cidades espirituais situadas fora do "Paraíso Original", que fica além da "blindagem" que dele nos separa.

Esta Espiritualidade errática emergente – a Erraticidade – teve e tem mais a ver com o fluxo recente da vida biológica (vidas mais curtas que as dos demos), e apenas muito recentemente, o "andar espiritual" a nível do solo em que nós estamos, para onde converge a vida material e espiritual mais densa, passou a ser dividido com os Espíritos que somente operaram à moda demo e, portanto, nunca foram biológicos.

Durante os primeiros 6 bilhões de anos desta Criação – que já existe há 13,8 bilhões de anos – não havia vida biológica, mas somente outro tipo de vida no universo antimaterial, tempo em que morreram um ou dois dentre os demos, que ficaram "vagando por aí".

Quando o "Projeto *Talm*" foi implantado e lançou a vida biológica neste universo material ao surgirem mundos com condições de desenvolvê-la, foi que, finalmente, ela emergiu com um tempo de duração bem mais curto que as do universo vizinho. Desse modo, os seres biológicos também passaram a existir nesta Criação, a qual já apresentava as vidas demo e clonada no universo paralelo, aonde quase ninguém morria.

A partir de então, começaram a ocorrer as mortes rápidas dos seres biológicos, e nesse sentido, somos o "retrato de Dorian Gray", personagem da obra *"O Retrato de Dorian Gray"*, de Oscar Wilde. Eis um "romance entrópico", porque no tempo em que Dorian Gray viveu, todos envelheciam, menos ele. Por quê? Porque a "lei da entropia" diz que, num determinado sistema, ela sempre vai aumentar, vai crescer, destruindo tudo, sendo a estranha garantia de que aquilo vai acabar – essa é a força *tamásica* de Shiva, citada na mitologia hindu. Entretanto, a entropia permite que surjam "ilhas" dentro do campo em cujo âmbito interno possa haver um retardo do processo entrópico, desde que o valor final da equação não seja alterado. Isso faz com que uma "ilha" jogue a entropia que cairia nela, em outro lugar dentro do sistema. Em havendo apenas a compensação entre os termos de uma equação, mas sem modificar o resultado final da mesma, a lei está mantida.

No seu romance, Oscar Wilde coloca, genialmente, o truque do envelhecimento do corpo de Dorian Gray, que não se verificava sobre o mesmo, pois sendo ele um mago, havia produzido um retrato especial dele, que envelhecia no seu lugar, ou seja, para que ele continuasse com o corpo jovem enquanto todos da sua geração ficavam mais velhos, ele produziu um "retrato alquímico", e somente nele é a que sua figura envelhecia.

Quando criaram o "Projeto *Talm*" para gerar a vida biológica, os demos fizeram desta um tipo de "retrato de Dorian Gray", ou seja, em vez deles fenecerem, os seres biológicos morreriam mais rapidamente porque foi programado que teriam a vida mais curta, de maneira que a entropia géral do sistema pudesse permanecer, ao se combinar a "força vital" destes dois universos.

Ou seja, os seres biológicos morrem logo para que os "vampiros demos" possam viver por mais tempo – e eles pensavam que seria para sempre. Pitoresco mesmo é saber que, atualmente, eles "morrem de inveja" (querem deixar o corpo demo) dos humanos, porque ficar vivo do jeito que estão, é uma lástima!

Nós, humanos, mesmo morrendo rápido, tendo vidas curtas e miseráveis, conseguimos nos divertir, fazer poesia, apaixonar-nos, dar *glamour* à existência, além de sentirmos expressões rebuscadas e superlativas, pois somos altruístas, fazemos músicas e compomos obras de arte. Os demos não fazem nada disso, mas vivem do modo que lhes é possível! A nossa existência, por menor que seja, é palpitante, pujante, enquanto a deles é sem graça!

A vida humana poderá ser uma maravilha, se fizermos por onde. Por isso costumo dizer para mim mesmo, que a existência é sempre bela e generosa, mas a vida de cada um é o que fizermos dela.

Se tivermos habilidade para construir beleza em nosso olhar e em nós mesmos, ainda que o mundo ao redor seja um inferno, podemos, sim, levar uma vida decente. E assim é!

Os demos não conseguem fazer isso! Nós fazemos porque estamos evoluindo. O problema é que eles não podem evoluir, pois, desde que a *Trimurti* foi criada, há um "lacre" controlando a própria "demência" e seus movimentos.

Então, a principal diferença entre demos e humanos é a de que nós podermos ser felizes, eles jamais! Destaca-se, ainda, o fato de sorrirmos, chorarmos e amarmos, enquanto eles não conseguem fazer nada disso. No entanto, também odiamos, e eles não. Estranhamente, podemos amar – repito –, mas também odiar!

Ou seja, somos bem mais amplos, complexos e sagazes na arte da valoração das emoções, via filosofia ou psiquismo, e no senso crítico. Os demos não possuem essas duas capacidades (valoração das emoções e senso crítico). Eles têm somente a inteligência.

NOTAS EXPLICATIVAS E BIBLIOGRÁFICAS

I. PROBLEMAS DA GESTÃO DE ZEUS

1. *Timé* (plural: *timaí*)

   Para um deus, quanto mais cidades "conquistadas", preces de prestígios recebidas, como também sacrifícios endereçados a ele, maior a sua *timé*.

   A pior desgraça de "domínio" a ser sentida por um deus, ou seja, o que de mais tenebroso pode acontecer a ele, é ter a sua honra atingida devido à perda da sua *timé*.

   Além disso, a *timé* de um deus engloba também a esfera (classe) de atribuições, os conjuntos de encargos e de funções exclusivas do seu "talento pessoal" – em sânscrito, a expressão que caracteriza esse tipo de *timé* é a palavra *"varna"*.

   Desse modo, qualquer influência que pudesse ser dirigida ao "domínio" de um deus é como se, para ele, isso implicasse uma ofensa à sua *timé*, aspecto que sempre sobrava para Zeus no que concerne a definir uma solução para os incontáveis e intermináveis problemas em torno dessa questão, que sempre convergiam para as "Assembleias do Olimpo".

2. *Geno* (ou *loka*, em sânscrito, ou "morada")

   Geno (ou *loka*, em sânscrito) é a "morada" de um deus e seus pares.

   A expressão *"eon"* é usada tanto para significar "universo" quanto *"geno"*.

   Explica-nos Jaa Torrano na sua edição comentada sobre a *"Teogonia – A origem do Deuses"*, de Hesíodo:

   "A palavra génos se liga etimológica e semanticamente ao verbo 'gignomai', que diz 'nascer' e também 'tornar-se' ou 'devir', portanto em génos há a ideia de nascer e de tornar-se conforme as determinações de nascimento; mas o substantivo géno designa um grupo de indivíduos ligados entre si por laços de nascimento e pela ...".

3. *Telos*

   A Emergência do *Telos* do Destino:

   Quando Morus e Ananque compuseram a relação existente entre o "Peso da Inevitabilidade Ancestral" (PIA) e as necessidades de cada ser, surgiu, nesse ponto, a noção de destino e, mais que isso, a de que existia uma finalidade *(telos)* naquele tipo de destinação, que era a de corrigir uma cota bem particular do *geno* "apodrecido" de Khaos (Caos/Javé/Brahma), que mal se suportava existindo como um Ser "reconstruído".

O que Morus chamava de "PIA" de cada ser, agora definido na linguagem ancestral grega como "*telos*", significava a finalidade da inevitabilidade gerada pela necessidade de correção da "doença" registrada no corpo e na Mente do Criador "caído".

Em grego arcaico, o vocábulo *telos* pode ser entendido como finalidade. Desse modo, *telos* do destino seria a "finalidade do destino", o "porquê de um determinado destino", ou seja, o conceito de *telos* individual.

O *telos* do destino foi ancestralmente gerado pelo conhecimento de Morus ao medir o peso transferido, para cada ser, da inevitabilidade da "doença" do Criador.

A expressão *genos*, ao tempo da tradição oral anterior ao período arcaico, já possuía diversos significados, mas o principal se referia ao "código secreto da construção do corpo de Khaos" – um tipo de código de vida ou "código-fonte definidor ancestral" –, mas já definitivamente apropriado e influenciado por um outro ser.

Nesse sentido, quando *telos* era associado ao *genos*, a significação era: o *telos* do destino do *genos* de Khaos, agora surgido pela influência ou pelo redimensionamento nele aplicado pela vontade de um outro ente.

Muito mais tarde, quando relacionado ao conceito de *eon*, foi que passou a também significar "morada", "céu", "morada celeste", enfim, um lugar situado além das fronteiras do mundo terrestre, dizendo de maneira simples.

A compreensão do significado de *telos* se encontra necessariamente vinculada a um aspecto problemático da existência.

Então, o *telos* de Khaos corresponde à destinação do *genos* de Khaos ou à evolução do *genos* de Khaos.

Assim, existe o *telos* do destino individual, cuja missão é a de reformular o padrão de uma cota do *genos* "apodrecido" do Criador.

Essa questão ficou estabelecida a partir da "autópsia" de "um quase morto", feita por Phanes (Protogonos) no corpo de Khaos.

Quando, então, *telos* era usado vinculado ao *genos* de alguém, estava se referindo ao destino evolutivo do *genos* de Khaos associado à coautoria e à situação desse outro ser.

Então, o *telos* de Zeus equivale ao *genos* de Zeus, o que implicava o fato do *genos* de Khaos habitar no corpo de Zeus, porém funcionando, agora, à moda do *genos* de Zeus.

Telos é a finalidade da inevitabilidade do destino promovida/definida pelo *genos* de Khaos. Essa finalidade era a de evoluir, do modo que fosse possível, a cada momento, por estar limitado às suas circunstâncias.

O que *telos* e *tikum* cabalista teriam ou têm em comum como conceito ancestral? O *telos* é o processo por meio do qual cada ser poderá se habilitar a realizar o "conserto" (*tikun*) tanto da Obra "problemática" quanto o do "Eu recriado doente", que a gerou e que dela se encontra "refém".

Em outras palavras, o "Peso da Inevitabilidade Ancestral" da "doença" de Khaos foi que gerou a finalidade do destino específico de cada cota de *telos* associada à necessidade evolutiva do Criador "caído".

1. REALIDADE ESQUECIDA

1. **Entropia**

O que chamamos de entropia é uma ação desagregadora advinda da energia *Tamas*, de Savna (Ser *Adhyatman*, de Perpérion, localizado na "Espiritualidade Laboratorial", e que "mergulhou" na Criação, constituindo-se como Shiva).

Ela faz com que tudo, nestes dois universos, já se manifeste com o "germe" da sua própria morte/desintegração, funcionando como um tipo de "selo de garantia" da finalização de uma Obra que sequer deveria ter sido iniciada, de tão "vexaminosa" para quem nela se vê obrigado a existir.

2. **"*Eon* de Khaos"**

No chamado "*Eon* de Khaos" – no sentido de "universo do Criador caído" – que personificou em si mesmo e na Criação a sua marca caótica, ou seja, o "pior tipo de Ser possível".

O Deus-criador, denominado pelo epíteto de Caos, por Hesíodo, "abriu as portas do entendimento" de um Heráclito, de um Pitágoras, dentre outros, para a percepção de que existia um problema de "podridão inicial" que fazia padecer com essa marca todos os entes engendrados no "*Eon* de Khaos". Parecia, assim, que caberia aos seres surgidos no outro "*eon*" da Criação, ou seja, neste no qual existimos, notadamente os de ordem biológica e racionalizados, perceber o problema e encontrar um modo de resolvê-lo.

3. **Jaa Torrano** (1946, em Olímpia, São Paulo)

José Augusto Alves (JAA) Torrano é professor titular de Língua e Literatura Grega da Universidade de São Paulo (USP) e um dos mais prolíficos tradutores de textos gregos. Trabalha com temas referentes à tragédia grega, pensamento mítico e filosofia grega, estudando e traduzindo textos atribuídos a Homero, Hesíodo, Ésquilo, Eurípides e Platão.

Possui graduação (1974), mestrado (1980) e doutorado (1987) em Letras Clássicas (Português, Latim e Grego), pela USP, e livre docência (2001) em Literatura Grega, também pela USP.

Autor de "*O Sentido de Zeus – O Mito do Mundo e o Modo Mítico de Ser no Mundo*" (São Paulo, Roswitha Kempf, 1988 / Iluminuras, 1996), "*A esfera e os dias – Poemas"* (São Paulo, Annablume, 2009) e *"O pensamento mítico no horizonte de Platão"* (São Paulo, Annablume, 2021).

Publicou estudos e traduções: *"ÉSQUILO – Tragédias"* (São Paulo, Iluminuras, 2009), *"ÉSQUILO – Orestéia"* (São Paulo, Iluminuras, 2004, 3 vols.), *"EURÍPIDES – Bacas"* (São Paulo, Hucitec, 1995), *"EURÍPIDES – Medéia"* (São Paulo, Hucitec, 1991), *"ÉSQUILO – Prometeu Prisioneiro"* (São Paulo, Roswitha Kempf, 1985), *"HESÍODO – Teogonia"* (São Paulo, Roswitha Kempf, 1981 / Iluminuras, 2006, 6a. ed.), além de artigos e estudos sobre literatura grega clássica em livros, revistas e periódicos especializados.

(Texto adaptado de :*https: //usp-br.academia.edu/JAATORRANO/CurriculumVitae*, em 16.11.2021).

4. **Heródoto**

Geógrafo e historiador grego, continuador de Hecateu de Mileto, nascido no século V a.C. (485 a.C. – 425 a.C.), em Halicarnasso (atual Bodrum, na Turquia).

Foi o autor da história da invasão persa da Grécia nos princípios do século V a.C., conhecida simplesmente como *"As Histórias de Heródoto"*, obra considerada um novo tipo de literatura, pouco depois de ser publicada.

Antes de Heródoto, tinham existido crônicas e épicos, que também preservaram o conhecimento do passado, mas ele foi o primeiro não só a gravar o passado como a considerá-lo um problema filosófico ou um projeto de pesquisa que podia revelar conhecimento do comportamento humano.

A sua obra deu-lhe o título de "Pai da História", e a palavra *"historie"* que utilizou nela e que tinha, antes, o significado de "pesquisa", tomou a conotação atual de "história".

(Fonte: *https://pt.wikipedia.org/wiki/Heródoto*, em 29.12.2021).

5. **Sólon**

Estadista, legislador e poeta grego antigo, nascido em Atenas (638 a.C. – 558 a.C.).

Foi considerado pelos gregos como um dos "sete sábios" da Grécia antiga e, como poeta, compôs elegias morais-filosóficas. Em 594 a.C., iniciou uma reforma das estruturas social, política e econômica da pólis ateniense. Aristocrata de nascimento e membro de uma nobre e bela família arruinada em meio ao contexto de valorização dos bens móveis na pólis ateniense, Sólon se reconstituiu economicamente por meio da atividade comercial, passando, depois, a dedicar-se inteiramente à política.

(Fonte: *https://pt.wikipedia.org/wiki/Sólon*, em 29.12.2021).

6. **Presenças numinosas**

Estado de vivência que o ser possui acerca de questões sobrenaturais, geralmente sagradas, transcendentais ou de divindade, comportando-se e sendo influenciado (inspirado) por essas questões.

7. *"Reintegração Cósmica"*

Livro do mesmo autor (Jan Val Ellam), Conectar Editora, Natal, 1ª edição, 1996.

2. DRAMA E ESPANTO

1. *"Inquisição Trimurtiana"*

Livro do mesmo autor (Jan Val Ellam), Conectar Editora, Natal, 1ª edição, 2017.

3. O ACLAMADO DEUS DOS DEUSES E SEUS DESAFIOS

1. **Epifania**

Revelação que promove a compreensão de algo.

No caso da epifania de Zeus, trata-se da apresentação de sua *timé* aos humanos.

2. **Gestor**

Aquele que é responsável por planejar como funcionará determinado trabalho e por alinhar sua equipe para garantir que o mesmo aconteça.

3. **Gerentes**

São os responsáveis pela coordenação de determinado trabalho.

4. **"Projeto *Talm*"**

Nas obras de Jan Val Ellam, aparece como sendo o nome do projeto de transferência do código de vida do Criador "caído" do *Brahmaloka* (em sânscrito, significa a "morada de Brahma" ou universo antimaterial onde vivem os demos) para o *Bhuloka* (universo material onde vivem os seres biológicos de "vida curta"). Em outras palavras, foi um projeto edificado pelos "Senhores da *Trimurti*", a saber, Brahma, Vishnu e Shiva que conseguiu trazer o "código da vida" do universo antimaterial para o de ordem material biológica, onde vivemos.

O livro *"Projeto Talm – A Origem da Vida Superior"*, a ser publicado pelo mesmo autor (Jan Val Ellam), explica como a "semente da única da vida" migrou do universo paralelo para o nosso, ressurgindo aqui já no modo "digital codificado" nos elementos da química local, para depois fazer a não menos misteriosa "transição de fase" para a vida biológica.

4. DEMAIS SERES PODEROSOS

1. **Cultura *demodhármica***

    Relativo à "cultura demo", associado à lei do *dharma*, que se referia ao cumprimento do *varna* – termo sânscrito que significa "talento de cada demo" – como sendo uma questão de "honra demo", uma das maneiras encontradas por Krishna para fazer evoluir o baixo padrão do comprometimento do psiquismo demo com suas obrigações.

    No sentido usado nos livros e palestras da "Revelação Cósmica", *demodhármico* seria alusivo ao "modo de ser demo", "modo demo de sentir", enfim, "modo de pensar demo".

2. **Kapila** (séculos VII a.C a VI a.C)

    Fundador da escola *Samkhya*, de filosofia hindu.

5. PROBLEMAS COM O "CÓDIGO-FONTE DEFINIDOR DE VIDA"

1. **"Podridão Ancestral"**

    Com a implementação do "Projeto *Talm*", o "Código de Vida" do Criador "caído" foi transferido do universo antimaterial para este universo material. Como esse "Código de Vida Primordial" estava totalmente "apodrecido" (apresentava "podridão ancestral") – ou seja, "desvituado" em relação aos parâmetros e protocolos que este Criador ostentava enquanto Divindade de Perpérion, que existe em uma das "Espiritualidades Laboratoriais" –, os "Idealizadores" desse "Projeto" o manipularam para desabilitar diferentes áreas do mesmo. Desse modo, diferentes tipos de "moléculas-mãe" com um certo "amortecimento" do problema da "podridão original" foram "semeadas" em diversos mundos, de modo que a vida biológica surgisse, mas apresentando um determinado grau de "Podridão Unicelular Primordial".

6. DIFERENÇA ENTRE DEMOS E HUMANOS

1. ***"Mentalma I – A Consciência Esclarecida e a Gestão dos Arquivos Mentais"*(**

    Livro do mesmo autor (Jan Val Ellam), Conectar Editora, Natal, 1ª edição, 2020.

7. AS INTRIGANTES DISPUTAS ENVOLVENDO DEUSES E HOMENS

1. **Odes de Píndaro**

   O poeta lírico grego Píndaro compôs odes (poemas líricos, destinados ao canto) para celebrar vitórias nos quatro Jogos Panelênicos.

   As suas Odes Olímpicos, glorificando vencedores nos Jogos Olímpicos Antigos, destacam a importância das competições olímpicas não somente na esfera desportiva, mas também no âmbito das relações religiosas e políticas.

8. O TRÁGICO OBJETIVO DE ZEUS

1. *Yggdrasil*

   Yggdrasil é a "árvore da vida", também chamada de "árvore do mundo". Localizada no centro do universo, seria responsável por equilibrar os nove mundos descritos na mitologia nórdica (que se refere ao deus Odin e outros): Álfheim (mundo dos elfos), Asgard (mundo dos deuses), Jotunheim (mundo dos gigantes), Midgard (Marte e o mundo dos humanos, que corresponde ao Planeta Terra), Muspelheim (mundo dos gigantes de fogo), Nidavellir (mundo dos anões), Niflheim (mundo dos anões e gigantes de gelo), Svartalfheim (mundo dos deuses subterrâneos) e Vanaheim (mundo dos deuses Vanir).

   Bifrost seria a "ponte" responsável por conectar Asgard e Midgard, também chamada de "ponte do arco-íris".

   (Fonte: *https://querobolsa.com.br/enem/conhecimento-geral/mitologia-nordica*, em 29.12.2021).

   Em termos modernos, *Yggdrasil* corresponderia à "ponte quântica" (os portais) que interligavam essas dimensões existenciais.

2. *Ragnarok* **de Marte**

   Evento bélico que partiu do universo antimaterial, portanto promovido por certa estirpe de demos, ocorrido há 300 milhões de anos, que exterminou a vida biológica então existente no planeta Marte, além de destruir parcialmente ou totalmente as oito "moradas" do reino de Odin, matando-o e a maioria dos seus seguidores, sendo que apenas um de seus filhos sobreviveu. Essas *lokas* eram interligadas entre si e ao universo material (a Marte, que possuía vida inteligente, com possíveis protótipos para a formação da "Criatura Universal", e à Terra) por meio de um complexo sistema de portais dimensionais.

3. **"Mergulhar" nesta Criação**

   Na Espiritualidade Superior, o "Eu Sagrado" existe com seus diversos níveis de "Consciência". Se um "Eu Profundo e a sua Consciência Espiritual" permanecem na Espiritualidade Superior quando um "Eu transitório" é criado em um nível dimensional ou "colapso quântico" situado mais abaixo e subjacente ao nível que lhe é imediatamente superior, o Ser é considerado "projetado" (trata-se de uma "Consciência Projetada") nesta última realidade.

Quando ocorre o "mergulho", a Consciência Espiritual daquele "Eu Profundo" pode ser totalmente transferida, em tese, para a realidade na qual foi criado o "Eu Transitório" que, nesse caso, constitui uma "Consciência mergulhada". Ou seja, no "mergulho", o "Eu Profundo" tanto pode ficar na Espiritualidade Superior quanto se transferir para a realidade na qual foi criado o "Eu transitório". Neste último caso, trata-se de um "mergulho completo" porque o "Eu Profundo" se movimenta, saindo da Espiritualidade Superior e se "imantando" no "Eu transitório", o que pode implicar "riscos", dependendo do tipo de Criação.

4. *"O Sorriso de Pandora"*

Livro do mesmo autor (Jan Val Ellam), Conectar Editora, Natal, 1ª edição, 2015.

5. *"Tzimtzum – o Exílio Forçado de Uma Divindade"*

Livro do mesmo autor (Jan Val Ellam), Conectar Editora, Natal, 1ª edição, 2020.

6. **Cabala**

O livro *"Zohar – 'Sepher ah-Zohar'"* de autoria do Rabi Shimon bar Yochai, é a "coluna vertebral" da Cabala, que na língua hebraica significa "recebimento" ou "o que foi recebido". Por ser parte integral da *"Torah"*, o seu conteúdo tem origem e natureza divina para os crentes judeus.

Para estes, apesar de seus ensinamentos terem sido transmitidos a Adão e aos patriarcas do povo judeu, foi Moisés quem os recebeu diretamente de "deus", durante a "Revelação" no Monte Sinai. Desde então, essa sabedoria mística vem sendo repassada, de geração em geração, pelos *nistarim* (literalmente, "os ocultos"), os primeiros cabalistas, que preservaram zelosamente esses ensinamentos, transmitindo-os, oralmente, às gerações seguintes, chegando até o tempo de vida do Rabi Shimon Bar Yochai e aos seus discípulos escolhidos, que teriam recebido de "deus" essa "Revelação".

7. *"Matrix"*

Produção cinematográfica estadunidense e australiana, do ano de 1999, baseada na trilogia *"Matrix"*, *"Matrix Reloaded"* e *"Matrix Revolutions"*.

Esses filmes partem do princípio de que a realidade na qual vive o principal personagem (Neo) é, na verdade, uma simulação de supercomputadores.

8. **Teologia**

Estudo crítico da natureza dos deuses, seres divinos, ou de Deus, seus atributos e sua relação com os homens e diversas religiões.

Trata-se do conjunto dos princípios de uma religião; doutrina.

Em sentido estrito, limita-se ao Cristianismo, mas em sentido amplo, aplica-se a qualquer religião.

(Fonte: *https://pt.wikipedia.org/wiki/Teologia*, em 29.12.2021)

10. CAOS CRESCENTE

1. **Culto dos Templários à Baphomet**

A "Ordem dos Pobres Cavaleiros de Cristo e do Templo de Salomão", também conhecida como "Ordem do Templo", foi fundada no ano de 1118. O objetivo dos cavaleiros templários era supostamente proteger os peregrinos em seu caminho para a Terra Santa. Eles receberam como área para sua sede o território que corresponde ao Templo de Salomão, em Jerusalém, e daí a origem do nome da Ordem.

A história conta que os Cavaleiros se tornaram poderosos e ricos, mais que os soberanos da época.

Em 13 de outubro de 1307, sob as ordens de Felipe, o Belo e com a conivência do Papa Clemente V, os cavaleiros templários foram presos, torturados e condenados à fogueira, acusados de diversas heresias.

O rei francês, nessa altura, acusava os templários de adorarem o diabo na figura que, na realidade, chamava-se "Baphomet". Após a condenação da Ordem dos Templários pela Igreja Católica, seus integrantes foram mortos na fogueira.

Segundo o arqueólogo austríaco Joseph von Hammer-Purgstall, um não simpatizante do ideal templário e que em 1816 escrevera um tratado intitulado *"Mysterium Baphometis Revelatum"*, sobre os alegados mistérios dos Cavaleiros e de Baphomet, a expressão proviria da união de dois vocábulos gregos, *"Baphe"* e *"Metis"*, significando "Batismo de Sabedoria".

(Fonte: *https://pt.wikipedia.org/wiki/Baphomet*, em 29.12.2021)

Segundo a "Revelação Cósmica", Baphomet está relacionado à figura de Eros (Vishnu).

Os Templários consideravam Baphomet como sendo o "Deus da Sabedoria".

11. REPRODUÇÃO DEMO COMPLICADA

1. **Eugenia**

Seleção aplicada numa coletividade, baseada em questões genéticas, normalmente com o objetivo de melhorar as qualidades físicas ou mentais das futuras gerações.

Esse termo foi criado em 1883, pelo naturalista inglês Francis Galton (1822-1911), significando "bem-nascido".

2. **"Enesmados" ou "Enes"**

Demos engendrados para o relacionamento apenas com parceiros do mesmo sexo, e que, portanto, não podiam se reproduzir sexualmente.

12. CONTROLE DO "CÓDIGO-FONTE DEFINIDOR PESSOAL" DOS DEMOS E DOS HUMANOS

1. **Kalil**
   Nome anterior do ser demo assexuado que, depois, metamorfoseou-se em Pandora.
2. *Kadmon*
   Alternativa que um ente adquiria de se metamorfosear da condição demo para um padrão biológico.

   Essa opção foi imposta por Zeus a seu filho Kalil, que, mais tarde, transformou-se em Pandora. Tratava-se de um tipo de face de uma "metamorfose programada" e, no caso, segundo a intenção de Zeus, deveria ser cheia de vírus problemáticos, o que não ocorreu porque os deuses olimpianos não obedeceram exatamente essa ordem do "Rei do Olimpo".

13. ALGUNS LÁ, OUTROS CÁ!

1. *"O Big Data do Criador"*
   Livro do mesmo autor (Jan Val Ellam), Conectar Editora, Natal, 1ª edição, 2016.
2. *"Favor Divino"*
   Livro do mesmo autor (Jan Val Ellam), Conectar Editora, Natal, 1ª edição, 2013.

14. ZEUS, PROMETEU, EPIMETEU E TÊMIS

1. **Panmixia**
   Sexo entre seres de espécies diferentes.

23. ZEUS E A IMPENSÁVEL "ERA DOS HUMANOS"

1. **Trilogia *"Terra Atlantis"***
   Livros do mesmo autor (Jan Val Ellam), Conectar Editora, Natal, 1ª edição: *"O Sinal de Land's End"* (2016), *"A Frota Norte"* (2017) e *"A Era Sapiens"* (2019).

2. **"Quarto Logos"**
   Também conhecido como "Olm" e como o "Codificador de Zion".
   Mestre e fundador da "Escola da Decifração das Feridas da Realidade", do planeta Zion, no sistema de Capela.
   Seu Espírito encarnou na Terra como Apolônio de Tiana, contemporâneo de Jesus.
   Ser que coordena o redimensionamento desta Criação Universal.
   Personagem descrito no livro *"O Quarto Logos"* (Conectar Editora, Natal, 1ª edição, 2017), do mesmo autor, que devido ao esgotamento dos processos financiados e produzidos pelos três primeiros Logos, os "Senhores da *Trimurti*" (Brahma, Shiva e Vishnu), iniciará um novo método pedagógico evolutivo a partir da emancipação e da especiação dos terráqueos racionais e esclarecidos.

3. ***"A 'Escola da Decifração da Realidade' e o 'Método Dru'Uid Ancestral'"***
   Livro do mesmo autor (Jan Val Ellam), Conectar Editora, Natal, 1ª edição, 2021.

4. **John Ronald Reuel Tolkien** (1892-1973)
   Escritor, filólogo e professor universitário inglês, , nascido na atual África do Sul. Autor de *"O Senhor dos Anéis"*, *"O Hobbit"* e *"O Silmarillion"*, verdadeiros clássicos da literatura fantástica.
   Em 1972, foi nomeado Comandante da Ordem do Império Britânico, pela Rainha Elizabeth II.
   (Fonte: *https://pt.wikipedia.org/wiki/J._R._R._Tolkien*, em 29.12.2021)

DIÁLOGO INUSITADO

1. **"Blindagem"**
   Entre cada um dos níveis da "Espiritualidade Superior", da "Espiritualidade Operativa" e da "Espiritualidade Laboratorial" – com todos os riscos a esta última implícitos, que corresponde exatamente a uma daquelas na qual a "Criação problemática" foi emanada –, há um tipo de "blindagem quântica".
   A "blindagem" que envolve tanto esta Criação quanto a Espiritualidade "problemática" (Erraticidade) ao seu redor não foi providenciada para evitar a derrocada de um Espírito devido à imaturidade de seu "Eu

egóico". Ela existe porque é uma "lei dos processamentos de novos universos e de faixas dimensionais". Portanto, a "blindagem" acontece não porque "alguém" a definiu, mas por constituir um desdobramento natural da "implosão de uma ideia (o Programa Mental do Projeto) da Mente de uma Divindade" e dos desdobramentos do que, na Terra, a Física Quântica chama de "colapso quântico", por força de uma função de onda que foi acionada de modo a sair do campo das possibilidades, para gerar uma realidade e/ou se tornar um ato/fato concreto.

Desse modo, quando a Divindade conhecida como Prabrajna – ou Prajapati – expeliu esta Obra, ela teve o seu Corpo Mental "fragmentado" e "sugado" para dentro da mesma, no primeiro microssegundo após o "ocaso quântico do seu Projeto Mental", o que resultou na formação de uma "blindagem" no entorno desta Criação.

Se não fosse a "natural blindagem" que separa o que foi "colapsado" (manifestado) a partir do campo de ondas de probabilidades, gerado por uma "Consciência Particularizada" – que expressou um "Projeto-programa" oriundo da sua Mente – o "Paraíso" ("Atziluth" e "Briah", conforme os postulados da Cabala) estaria "contaminado" devido ao "acidente mental" ocorrido, assim entendido por uns, ou ao "incidente consciencial-mental" acontecido, na visão de outros.

Com 45 livros publicados no Brasil até o momento, além dos 10 traduzidos para quatro outras línguas, tem se revelado como o escritor mais contundente sobre temas tidos como sagrados que estão sendo resgatados de um passado esquecido, que antes se encontrava oculto, o que torna o seu trabalho único.

Precursor da Revelação Cósmica que se inicia com a publicação dos seus livros, dando continuidade à Revelação Espiritual já codificada no passado, marca o atual momento planetário com reflexões profundas e intrigantes, advindas dos vários livros publicados e das palestras nacionais e internacionais divulgadas nos institutos temáticos estratégicos.

- Autor do PROJETO ORBUM – Manifesto da Cidadania Planetária.
- Formulador do IEEA — Instituto de Estudos Estratégicos e Alternativos.
- Formulador do IEPP — Instituto de Estudos da Política Planetária.
- Formulador do MENTALMA – A Yoga do Cotidiano (Ciclo de Cursos e Palestras).
- Formulador do FAROL LUSITANO — Instituto de Mistérios da Língua Portuguesa e da Península Ibérica.
- Formulador do IESP - Instituto de Estudos Espirituais Profundos.
- Programas na RÁDIO ATLAN: Projeto Orbum, Acompanhando o Mundo, Reinvenção da Vida, Mitos e Conspirações, Para Onde Caminha a Humanidade, Imagens e Reflexões, Livros que fazem Pensar.

Para mais informações:
www.janvalellam.org

LIVROS PUBLICADOS:

Como escritor espiritualista, com o pseudônimo de Jan Val Ellam, editou os seguintes livros até o momento:

1. Reintegração Cósmica: Anjos Decaídos (1996)
2. Caminhos Espirituais (1997)
3. Carma e Compromisso: Filhos das Estrelas (1998)

Outras obras como Rogério de Almeida Freitas:

instagram.com/janvalellam

facebook.com/janvalellam

youtube.com/janvalellam1

amazon.com/author/janvalellam

twitter.com/janvalellam

POR QUE O IEEA?

Por receio de ferir a suscetibilidade dos que acreditam ter encontrado a "verdade" no conforto das religiões, Jan Val Ellam criou o Instituto de Estudo Estratégicos e Alternativos – IEEA, para nele concentrar toda a sua extensa e inusitada obra de revelação, exposta em livros, palestras e cursos singulares.

Se você é um buscador dos mistérios da vida, das faces de uma verdade maior sempre por ser percebida além dos limites comuns à ingenuidade e às possibilidades de cada época, visite o IEEA e verifique por si mesmo se o que ali se encontra exposto, em abordagem crescente, não representa exatamente as "reflexões adultas" sobre os temas que sempre foram a razão principal daqueles que sempre buscaram um nível de compreensão superior sobre a vida e a realidade que a envolve. É como se tudo o que se encontrava oculto fosse finalmente revelado.

Benefícios:

• Através de uma plataforma online você tem acesso a vídeos de palestras, com material inédito de Jan Val Ellam.

• Acesse o IEEA facilmente, do seu computador, leitura confortável também em tablets e smartphones.

LISTA DE ALGUMAS PALESTRAS:

- Buda: O Homen a Revolução e os Mistérios Budistas
- Jainismo : A Revelação Esquecida
- A Falência da Religiosidade
- Os Anéis do Poder e os Portais
- DNA Homo Terráqueo : Interesse Universal
- As Duas Testemunhas do Purana e a Vinda de Kalki
- Mente, Cérebro e Consciência
- O Princípio do Despertar Espiritual
- Os Estranhos Desígnios de Javé : Aprofundamento
- Avatares X Spinoza e Nietzsche : O Jogo não acabou
- Reforma Íntima e o DNA II - Aprofundamento
- Javé e a Justiça Divina
- Humanidade em Disputa: A Descendência De Pandora
- Talentos e Linhagens Espirituais
- Você e o Criador

- O Ser Humano: A Mais Enigmática Singularidade
- Pactos de Javé
- Religiosidade Afetada e Estacionamento Espiritual
- Favor Divino: Tempo de Ruptura
- As Quatro Faces de um Ser - Vishnu, Mohen So, Sophia e Jesus
- O DNA Helênico e o Quarto Logos
- Zeus e Prometeu: Parceria Impensável
- A Ressurreição do Criador
- A Face mais Enigmática do Ser Humano: O Daisen de Heidegger
- A Consciência Humana e os Conceitos Profundos
- O Gênero Adhydaiva e suas Espécies Demodharmicas
- A Geometria Sagrada e os Campos Morfogenéticos
- Mitologia Chinesa e a Destinação do Império do Centro
- O Sonho dos Templários e seus Desdobramentos
- Fator Carma: O Sentido Gradual das Leis Morais
- Sophia e o Pêndulo Cósmico
- O Incompreendido Norte Divino: Mitologias Celta e Nórdica
- O Desvio de Rota de Pandora e o Quarto Logos Universal

Entre muitos outros fascinantes temas.

Saiba mais em:
www.janvalellam.org

MANIFESTO PROJETO ORBUM

"Declaração dos Princípios da Cidadania Planetária."

Exerça plenamente a sua nacionalidade, mas não esqueça: somos todos cidadãos planetários.

Por conseguinte, formamos uma só família ante o cosmos. É bom recordar que, para quem nos vê de fora, nada mais somos do que uma família vivendo em um berço planetário.

Se somos uma família, torna-se inconcebível a falta de indignação diante do estado de miséria – tanto material quanto espiritual – em que vive grande parcela dos irmãos e irmãs planetários.

Existe uma força política na sociedade que, quando estrategicamente direcionada, exerce em toda sua plenitude o direito e o dever de cobrar das forças estabelecidas o honroso cumprimento dos direitos humanos. Essa "força íntima" é pacífica porém ativa; suave na tolerância, jamais violenta, mas perene na exigência contínua de se construir a paz, a concórdia e a inadiável consciência quanto à necessidade de se melhorar as condições do nível de vida na Terra. Exercer essa força no cotidiano das nossas vidas, agindo localmente com a atenção voltada para o aspecto maior planetário, é dever de cada um e de todos.

Respeitar as forças políticas estabelecidas, os governos regionais e nacionais; valorizar as organizações representativas de caráter mundial – imprescindíveis para a evolução terrestre – mas, acima de tudo, pregar a necessária consciência da unidade planetária perante o cosmo.

Na verdade, somos todos cidadãos cósmicos no exercício eventual de uma cidadania planetária, como de resto o são todos os irmãos e irmãs espalhados pelas muitas moradas do Universo.

Porém, devido ao atual estágio de percepção que caracteriza a quem vive na Terra, buscar a consciência do exercício pleno da cidadania, seja em que nível for, é a grande meta a ser atingida.

Se você concorda com os princípios e objetivos da cidadania planetária, junte-se a nós em pensamento, intenção e atitudes. Assuma consigo mesmo o compromisso maior de construir na Terra esta utopia, que foi e é o objetivo de muitos que aqui vieram ensinar as noções do exercício pleno da cidadania cósmica, testemunhando o amor como postura básica e essencial na convivência entre os seres.

Propague esta idéia, em especial para as novas gerações.

Sonhe e trabalhe por um mundo melhor. E saiba que muitos estão fazendo exatamente o mesmo.

Esta é uma mensagem de fé e de esperança na vida e na nossa capacidade de dignificá-la cada vez mais.

Filie-se espiritualmente a esta idéia.
Jan Val Ellam

www.ingramcontent.com/pod-product-compliance
Lightning Source LLC
La Vergne TN
LVHW041503170726

843492LV00005B/1354